Valérie LE CHEVALIER

Ces fidèles qui ne pratiquent pas assez…

Quelle place dans l'Église ?

Préface de Christoph Theobald

Nouvelle édition revue et augmentée

Lessius

La part-Dieu, 32
Une collection dirigée par
Luis Martínez

7, rue Blondeau, 5000 Namur (Belgique)
14, rue d'Assas, 75006 Paris (France)
www.editionsjesuites.com

ISBN nouvelle édition : 978-2-87299-393-2
D.2020, 4255-8

AVERTISSEMENT

Lorsque cet ouvrage a été publié en 2017, il n'était pas pensable qu'il reçoive un tel accueil ni qu'il rejoigne les préoccupations de tant de lecteurs, non pas que la question soit inutile mais parce que je la croyais si évidente que j'imaginais qu'elle serait superflue pour beaucoup. Or aborder la faible pratique cultuelle comme un élément cohérent et normal de la vie ecclésiale, considérer ces non-pratiquants par le fait même de leur baptême ou de leur désir comme une bonne nouvelle, n'est pas une manière de réfléchir si naturelle. Cela s'est vérifié lors de multiples rencontres avec des lecteurs ou des chrétiens engagés en pastorale du seuil. Poser la question à rebours n'élude pas les difficultés mais change l'horizon du questionnement. Il ne s'agit plus d'aller chercher des non-pratiquants mais de rencontrer d'autres fidèles dont le baptême demeure plein et entier, promesse et germe en devenir. La rencontre peut alors se faire conversation et non plus enseignement ou interrogatoire, elle peut risquer des silences et des gestes qui en disent plus sur cet essentiel que les formules du catéchisme qui se sont perdues pour beaucoup. Mais surtout, redécouvrir combien Jésus a renvoyé de croyants en leur disant : « Va, ta foi t'a sauvé ! », sans les appeler à la suivance dans le groupe des disciples, comme cela change les choses ! L'ultime question est de croire en cette parole dont nous affirmons qu'elle est de Dieu, de la croire, de la fréquenter et de la redécouvrir toujours nouvelle, sans lui assigner trop vite de commentaire ou d'analyse. Est-ce vrai que leur foi les a sauvés et que Jésus leur a dit « va » et non pas « viens » ? Prendre conscience de cela est une tellement bonne nouvelle qu'on en relirait l'Évangile avec un regard neuf. C'est cette expérience d'un renouvellement pastoral que ce petit essai m'a permis de faire depuis deux ans.

Grâce à toutes ces rencontres et à quelques conseils bien avisés, plusieurs éléments de la précédente version nécessitaient d'être corrigés ou développés. C'est la raison pour laquelle je remercie Yves Roullière et les éditions Lessius qui m'ont donné la possibilité d'opérer ces ajustements et de chercher à exprimer un peu mieux ma réflexion théologique.

PRÉFACE

Comme il ressort des dernières statistiques, il y a au moins 53 % des Français qui se disent catholiques tandis que le groupe de ceux qui participent régulièrement à l'Eucharistie dominicale s'élève tout au plus à 5 % de la population. Il est heureux que l'ouvrage de Valérie Le Chevalier, que j'ai le plaisir de préfacer ici, se penche précisément sur cet ensemble de « non-pratiquants » et réfléchisse sur l'attitude juste à avoir à leur égard. Selon ce qu'indique le titre, l'auteure se situe dans la perspective des quelques participants actifs à la vie de l'Église, acteurs réguliers pour qui les autres, pourtant étiquetés « catholiques », ne pratiquent « pas assez ». C'est contre le schème sociologique et théologique, sous-jacent à ce « pas assez », qu'elle s'insurge, nous invitant à poser à nouveau frais la question : quelle place leur accorder dans l'Église ? Ce qui suppose que ces femmes et ces hommes ne soient plus réduits à leur absence de pratique religieuse ou à leur pratique éventuelle, mais considérés comme de véritables « fidèles ».

Mais avant de s'engager dans une révision ou une conversion de ce schème qui distribue les catholiques en « pratiquants » et « non-pratiquants », on doit se demander comment et pourquoi il s'est perpétué jusqu'à nos jours et reste encore si prégnant. Valérie Le Chevalier évoque plusieurs situations et raisons pastorales, sociologiques et théologiques.

Du côté pastoral, elle ne nie pas que beaucoup d'efforts sont déployés par les communautés chrétiennes pour accueillir ces pratiquants saisonniers ou irréguliers, communautés pour qui la baisse constante de la pratique religieuse représente pourtant une véritable épreuve. Mais elle défend surtout les « absents » eux-mêmes qui, aux grands moments de la vie, continuent à s'adresser à l'Église, parfois avec entêtement et toujours avec sérieux, éprouvant alors le refus ou l'ajournement de tel sacrement comme une profonde blessure. Qui n'a pas entendu parler de ces « négociations » où l'Église, au lieu de se réjouir de celles et de ceux qui viennent frapper à sa porte pour un service, pose rapidement des conditions à la réception de tel sacrement et parfois dresse même des barrières. Valérie Le Chevalier a rencontré elle-même ces situations douloureuses, tant dans son travail durant de longues années en pastorale scolaire que dans son entourage.

On peut alors se demander avec elle si le petit reste de pratiquants ne pourrait pas vivre sa situation de minorité autrement : au lieu de réagir à partir de sa peur de disparaître, ne devrait-il pas faire entendre réellement que la foule des chrétiens désinstitutionnalisés qui l'entoure lui manque, non pas par crainte d'être réduit à une peau de chagrin, mais tout simplement et gratuitement parce qu'il tient aux absents ?

C'est le propre de l'amour de réagir ainsi, Valérie Le Chevalier le souligne discrètement ; mais, avouons-le, c'est une expérience de gratuité d'autant plus difficile à vivre qu'une bonne partie de l'opinion publique veut nous suggérer que deux millénaires de judéo-christianisme seraient une durée honorable pour une civilisation et que, vivant sur un bateau en train de couler, il nous resterait à sombrer avec élégance.

Cette situation profondément ambivalente est, depuis longtemps, interprétée par le schème dichotomique « pratiquants »/« non-pratiquants », voire plus précisément par un système statistique de mesure dont le but est de déterminer l'attachement de quelqu'un à l'Église à partir de quelques signes extérieurs, la conscience et la foi étant par définition hors d'atteinte. Ainsi parvient-on à cinq positions, depuis les « séparés » jusqu'aux « dévots » en passant par les « saisonniers », les pratiquants « irréguliers » et les « réguliers ». Valérie Le Chevalier retrace minutieusement cette invention de la figure du « pratiquant » et du « non-pratiquant » aux alentours des années 30 du dernier siècle comme étant une victoire de la statistique (considérée comme scientifique) au sein de la pastorale, mais y provoquant aussi quelques effets pervers, malheureusement trop peu perçus : l'utilisation d'un vocabulaire non confessionnel qui ne connaît plus de baptisés, *ni même de* fidèles, *mais seulement des signes de rattachement à l'Église institutionnelle ; et surtout l'identification de la vie chrétienne à la pratique eucharistique des soi-disant « messaliens ».*

À peu près à la même époque, le P. de Lubac redécouvre l'adage ancien : « L'Église fait l'eucharistie et l'eucharistie fait l'Église », mis en honneur plus tard par le concile Vatican II (cf. la constitution sur la litur-

gie, n° 10). C'est là l'arrière-plan proprement théologique de la mise en valeur sociologique de la figure du « pratiquant ». Dans des circonstances nouvelles, Valérie Le Chevalier y voit une manière de mettre en avant le modèle de toujours, à savoir celui des disciples, et l'idéal type d'antan, l'ascèse et la vie communautaire de type monastique ou religieux. Vatican II a pourtant tenté, pour la première fois, de donner des contours plus précis à la vocation des « laïcs » comme étant situés dans le monde (constitution sur l'Église, n° 31). A-t-il toujours évité, lui ou ses récepteurs, de « cléricaliser » le laïc ou de lui imposer un « idéal religieux » ?

Valérie Le Chevalier perçoit dans le discours ecclésial sur la perfection une tendance à présenter le laïc comme « une sorte d'expert du grand écart à qui il est demandé d'être autant profane que religieux, le tout à haut niveau : très pratiquant, très engagé dans la société, très intégré ecclésialement, très priant ». Ceux qui tentent d'adhérer à cet idéal — les « pratiquants » — risquent alors ne plus voir que ceux qui se disent « catholiques » sans être « messaliens » sont pourtant des « fidèles baptisés » et qu'ils veulent l'être et le transmettre, au moins dans un certain nombre de cas. Leur absence d'intégration dans l'Église révélerait alors l'incapacité de celle-ci de dire et de penser ce qu'est la vie d'un laïc ou d'une laïque dans la société française, sans leur imposer un modèle irréalisable et irréaliste.

Ce diagnostic à rebours de beaucoup de discours actuels conduit nécessairement vers la question d'une critériologie théologique ou ecclésiologique dont le déploiement, surtout biblique, représente la partie centrale de l'ouvrage. Que veut dire « pratiquer Jésus », si l'on se réfère prioritairement aux évangiles ? Valérie

Le Chevalier tient ici compte d'un certain nombre de travaux exégétiques plus récents et des intuitions déjà plus anciennes de la pastorale d'engendrement, sensibles à la diversité des figures de croyants, impossible à réduire à celle des disciples et des apôtres. Ces figures forment un cercle bien spécifique de compagnons, amis, sympathisants, membres de la famille de Jésus et de personnes qui, dans une situation de nécessité, voire de pauvreté, font l'expérience d'une rencontre personnelle avec Jésus, sans être appelés par lui à le suivre. Avec beaucoup de soin, l'auteure décrit leurs caractéristiques, surtout leur foi, mettant en valeur une cohabitation bigarrée de différents types de croyants autour de Jésus, le principal écueil des disciples étant leur tentation de comprendre leur appel comme privilège ou pouvoir.

Cette différenciation néotestamentaire étant acquise, il devient possible de regarder la géographie actuelle des croyants avec des yeux nouveaux, en tout cas de façon moins obsédée par la « pratique », et d'honorer chaque « fidèle » pour ce qu'il est en vérité. L'auteure s'inspire ici de la distinction entre la « conscience croyante » et la « foi attestataire » (P. Sequeri). Il est tout autant possible de parler d'une « foi élémentaire » et d'une « foi christique », vocabulaire adopté par la pastorale d'engendrement. L'enjeu principal est d'identifier la « foi » des baptisés peu pratiquants, mais aussi — il n'en est pas question dans l'ouvrage — de ceux et de celles qui ne se situent pas du tout dans l'orbite de la tradition chrétienne, tout en engageant une « foi » leur permettant d'aller jusqu'au bout de l'aventure qu'est leur existence. Notons surtout que cette « foi » élémentaire ou cette conscience croyante (dans le registre de Sequeri) a toujours besoin de médiations qui aujourd'hui ne se laissent plus réduire à la « pratique » des « messaliens », médiations qui cependant ne garantissent en rien l'émergence de l'acte élémentaire de la « foi », reconnue par Jésus à telle personne rencontrée sur sa route. La thèse de Valérie Le Chevalier est que, comme dans le Nouveau Testament, ces deux types de foi ont besoin l'un de l'autre, qu'ils sont complémentaires et que le premier, celui des absents non pratiquants, cache de formidables potentialités pour le Royaume. Elle utilise l'image de l'iceberg pour faire comprendre cette complémentarité : « plus la masse immergée est volumineuse, plus l'iceberg est stable et pérenne. Le rapport entre l'Église visible et l'Église cachée ou disséminée n'est pas un rapport d'opposition, mais de complémentarité, de dynamisme. »

Loin de boucler sur lui-même, l'ouvrage et son hypothèse principale ouvrent un questionnement inédit qui devrait mobiliser la pastorale et la théologie pastorale ; ce n'est pas la moindre de ses qualités. Un nouveau principe d'interprétation de la situation actuelle de la foi étant acquis, plusieurs questions peuvent en effet se poser et être prolongées.

D'abord : qui sont ces absents non pratiquants, saisonniers ou irréguliers, se trouvant, pour reprendre la métaphore de l'iceberg, cachés au-dessous de la ligne de flottaison ? Une fois qu'on leur a reconnu le statut de « fidèles baptisés », il reste à voir de manière plus précise quels sont leurs itinéraires, comment ils nourrissent leurs existences spirituelles, quelles sont les médiations, valeurs, croyances, etc., qui leur permettent de se reconnaître catholiques, etc. Toutes les grandes enquêtes européennes montrent l'effacement massif de la vision de Dieu comme personne, au profit de sa conception comme force ou esprit anonyme ; ce qui se manifeste dans le glissement d'actes proprement religieux vers l'adoption de telle ou telle spiritualité. Si l'on observe ces phénomènes chez les soi-disant « pratiquants », ils s'amplifient sans doute parmi les « absents », par définition moins rejoints par le système de régulation institutionnelle des représentations croyantes. Immergés dans l'anonymat, ils représentent certes une diversité analogue à celle que nous percevons aujourd'hui dans les récits évangéliques parmi les sympathisants de Jésus : ils émergent à un moment donné de la foule, ils y disparaissent. Mais qu'est-ce qui se passe quand la proportion entre « absents » et « présents » se déplace en défaveur des derniers ? La métaphore de l'iceberg garde-t-elle encore sa pertinence dans un climat « spirituel » avec de moins en moins de différences, peut-être comparable au réchauffement de la terre ?

Ensuite : s'intéresser envers et contre tout à ces « absents », mais comment ? Valérie Le Chevalier nous donne quelques précieuses indications, principalement celle de l'aveu d'un manque — on pense au « pas sans toi » de Michel de Certeau — comme expression d'un amour gratuit. La difficulté principale pour les communautés et acteurs pastoraux est précisément de renoncer à des stratégies de récupération et de se rendre simplement « présents » auprès de ceux qui ne pratiquent que très rarement ou plus du tout, personnes qu'ils connaissent finalement si peu.

Et enfin : ces « absents fidèles » que pourraient-ils apporter à nos communautés ? Il est difficile de le savoir avant d'avoir réalisé la consigne de « sortir » et de se rendre « présent » à leur côté. Ce n'est qu'en adoptant l'attitude de respect devant leur altérité, caractéristique de la tradition chrétienne dès sa naissance, en changeant donc profondément d'attitude pastorale, que « l'abondance de la moisson », constatée par Jésus, peut être aussi repérée parmi les soi-disant « non-pratiquants ». Est-il prématuré de dire qu'ils appellent l'Église à repenser l'identité des « laïcs » et leur style de vie dans la société, sans leur appliquer immédiatement les modèles classiques de la « vie parfaite » ? Et si leur résistance était leur apport à la vie de l'Église ?

On le voit, l'ouvrage de Valérie Le Chevalier ouvre un large champ de questions. Il sera sans doute contesté sur tel point ; mais par son franc-parler, il met en question des évidences trop longtemps répétées et fera bouger, on peut l'espérer, quelques lignes, contribuant ainsi à la « transformation missionnaire » de l'Église, tant appelée de ses vœux par le pape François.

CHRISTOPH THEOBALD, S.J.

INTRODUCTION

Les personnes se reconnaissant comme catholiques constituent (encore) la majorité de la population française. En 2012, 80 % des personnes interrogées se déclaraient baptisées dans l'Église catholique, et dernièrement (février 2017), une autre enquête[1] annonce que 53,8 % de la population se désigne comme catholique. Ces catholiques, lorsqu'on les interroge, témoignent d'un attachement à cette identité. En 2012, 72 % des personnes se déclarant baptisées désiraient que leurs enfants soient baptisés, alors même que 58 % ne pratiquaient plus, 35 % quelques fois dans l'année, 7 % assez ou beaucoup. Dit autrement, 65 % des déclarés baptisés, peu ou pas pratiquants, persistaient à vouloir transmettre quelque chose d'une identité chrétienne,

1. Sondage IFOP-La Croix, *Les français et le catholicisme. 50 ans après Vatican II, 2012*, www.ifop.com/media/pressdocument/238-1-document_file.pdf. Et récemment, *Chrétiens engagés*, IPSOS-La Croix et Pèlerin, février 2017.

catholique. Dans l'enquête de février 2017, le constat est identique : lorsqu'on sort de la distinction habituelle pratiquants et non-pratiquants, et que l'on écoute les personnes à partir de ce qu'elles disent de leur propre expérience, elles affirment vivre leur foi autrement et commencent à le revendiquer.

Mais alors, pourquoi cette impression de minorité chez les chrétiens, voire d'échec, alors que tant de personnes persistent à se dire catholiques, croyantes, tout au moins quand la question leur est posée ? Pourquoi ce sentiment d'insatisfaction et de déception face à cette majorité sociologiquement reconnue ? J'ai travaillé de longues années en pastorale scolaire et côtoyé beaucoup de ces catholiques « hors-pistes[2] », adultes et jeunes, qui persévèrent à vouloir transmettre ou recevoir quelque chose de cette identité et de ces « valeurs » par la médiation de l'école catholique, des rites de passage qui y sont proposés, de la catéchèse. Ces démarches, sous peine d'être méprisées, ne peuvent pas être réduites à la simple expression d'une identité culturelle ou folklorique et doivent être reçues théologiquement, comme l'expression, le témoignage d'une foi vécue autrement que certains schémas préconçus et attendus.

L'expression de foi de ces catholiques est au cœur de cet essai. Le silence de ces croyants, leurs fréquentes absences ecclésiales et surtout leur manière si peu canonique d'exprimer leur foi m'ont souvent questionnée. Quel statut accorder à leurs demandes de rites et quel accueil leur réserver ? Les relations que nous — c'est-à-

---

2. Jean-François Barbier-Bouvet, *Les nouveaux aventuriers de la spiritualité. Enquête sur une soif d'aujourd'hui*, Médiaspaul, Montréal, 2015.

dire considérés comme les pratiquants engagés — entretenons avec ces catholiques sont conditionnées par nos regards réciproques : sommes-nous vraiment de la même Église ? Partageons-nous encore la même foi ? Pouvons-nous porter le même nom de « fidèle » ou sommes-nous condamnés à ne nous envisager qu'en fonction de notre taux de pratique ? Ce sont autant de questions qui, à notre avis, n'appellent communément que des réponses simples et logiques. Ici, nous allons tenter non pas de trouver des solutions à ces questions, mais plutôt de les poser un peu différemment, sous un autre angle que celui de la stricte pratique. Ces catholiques, baptisés et désireux de transmettre quelque chose de leur identité, sont-ils autre chose que de potentiels pratiquants ? Sont-ils, *malgré tout*, des « fidèles » et constituent-ils, tels qu'ils sont, une bonne nouvelle ?

J'ai pu vérifier pour l'avoir moi-même ressenti, que cette population est loin d'être envisagée comme une chance. Ces jeunes baptisés, ces mariés que l'on a accompagnés et qu'on ne revoit plus dans la communauté ou qu'occasionnellement, sont plutôt perçus comme une perte sèche et même représenter une menace pour le petit reste qui a le sentiment de porter l'Église à bout de bras et qui se demande si cette masse considérée comme inerte ne finira pas par engloutir tout l'iceberg ? Or réciproquement, ces croyants sont eux-mêmes menacés par ce que leur renvoie ce statut de non-pratiquants qui leur colle à la peau et qui laisse entendre — et les convainc quelques fois eux-mêmes — qu'ils n'ont pas vraiment la foi. Il faut dire à la décharge des catholiques que depuis fort longtemps ils sont invités par leurs pasteurs à s'identifier et se conformer principalement à deux formes d'existence chrétienne : le martyr-témoignage ou la vie religieuse qui sont, l'un ou l'autre, selon l'époque, considérés comme les authentiques dépositaires de la vraie suite de Jésus. Ces deux versants de l'idéal chrétien correspondent à ce que la sociologie wébérienne identifia comme la « double éthique », celle des virtuoses et celle des simples fidèles[3]. Cette majorité de faibles pratiquants et parmi eux ces récalcitrants qui continuent à vouloir transmettre cette identité catholique sans revenir définitivement au bercail, est un trou noir ecclésial qui n'intéresse vraiment que les sociologues et assez marginalement la théologie pratique.

Nous procéderons donc en trois temps. 1) Nous allons voir dans une première partie, que la notion de pratiquant a une histoire qui s'étale des années 1930 jusqu'à nos jours, en passant par le concile Vatican II. À travers l'adoption de cette notion sociologique par le monde religieux, c'est plus fondamentalement le statut ecclésial et la vocation des laïcs qui sont en jeu et tout l'ensemble du Peuple de Dieu qui est atteint ; 2) Mais l'investigation théologique doit questionner l'Écriture, notamment les Évangiles pour chercher comment on y « pratique » Jésus car là, seuls les plans relationnels et éthiques sont opérants. La « suivance » de Jésus s'y révèle bien plus ample et complexe que l'artificielle réduction au seul groupe des disciples. Pour conserver toute sa pertinence, ce terme de disciple doit être relativisé et enrichi par tous ces outsiders que sont les compagnons, amis, fidèles et autres pratiquants de Jésus ;

3. Max Weber, *Économie et société*, t. 1, Plon, Paris, p. 554.

3) Enfin, nous reviendrons au cœur du problème du statut des laïcs et de leur vocation propre, nous pensons qu'ils sont hypothéqués par le principe de « présomption » et de doute systématique propres aux sciences. Cet horizon pastoral rêvant une Église idéale constituée uniquement de militants radicaux et de pratiquants doit être mis à distance par la théologie au regard de l'Écriture mais aussi par l'évolution actuelle du magistère et des avancées de la théologie fondamentale contemporaine.

Chapitre premier

QUAND LES LAÏCS SONT PASSÉS DE FIDÈLES À PRATIQUANTS : L'HISTOIRE D'UN CHANGEMENT DE STATUT

À L'ORIGINE ÉTAIT LA PERFECTION ÉVANGÉLIQUE

Tout chrétien est appelé à la *perfection* (ou sainteté) *évangélique*, idéal présenté magistralement dans l'évangile de Matthieu, dans deux passages fondateurs : le discours sur la Montagne (Mt 5 – 7, dont les Béatitudes Mt 5, 3-12) et le Jugement dernier (Mt 25, 31-46). Dans le premier, Jésus déploie ce qu'est le Royaume des cieux. Dans le second, situé chronologiquement à la fin de sa vie publique, Jésus indique sur quels critères la vie des hommes sera considérée, jugée à la fin des temps : tout le bien (nourrir, accueillir un étranger, vêtir, guérir, visiter un prisonnier) fait à autrui *et* à Jésus lui-même. L'amour du frère, du prochain est indissociable de l'amour de Jésus et les signes extérieurs de religiosité ne sont plus suffisants pour qui s'entend appelé à devenir disciple. Le cœur et les actes sont inséparables et doivent coïncider dans cette perfection-sainteté : « Vous serez donc parfaits/saints comme votre Père céleste est parfait » (Mt 5, 48). C'est l'appel à la sainteté, lancé à chacun.

Du martyre au monastère : l'idéal-type d'une vie *parfaite*

Mais l'histoire du christianisme est un long processus d'adaptation aux circonstances extérieures ou intérieures, et l'Évangile ne sera pas toujours la pierre angulaire de ce processus. L'Église, pour établir et pérenniser les communautés de fidèles et la transmission de la foi, va baliser l'existence chrétienne de tout un arsenal de préceptes, de normes, mais aussi de modèles exemplaires auxquels le croyant pourra (devra) s'identifier et se conformer.

Dans le temps primitif des premières communautés, c'est le témoin-martyr (*mártus*, en grec) qui représente l'image aboutie du croyant qui meurt pour sa foi, comme le Christ est mort. On parle de *baptême de sang* pour celles et ceux qui sacrifient leur vie avant même d'avoir reçu le baptême chrétien[1]. Mais dès la fin du IIe siècle, ce christianisme peu visible se développe dans une perspective universelle (en grec, *katholikos*) et met en place les prémices d'une unité de foi, de rites et de discipline[2]. Avec la paix relative apportée par la conversion de Constantin (318) et le rescrit de Milan, c'est toute une partie de l'humanité connue qui entre alors dans l'ère dite de chrétienté ce qui, progressivement rend « inutile » le témoignage-martyr auquel on substitue le combat intérieur, *l'ascèse* et surtout *la vie com-*

1. Le martyre demeure d'ailleurs toujours, dans la tradition de l'Église (concile Vatican II, constitution sur l'Église, *Lumen gentium* n° 42) une voie de sainteté, « une grâce éminente et la preuve suprême de la charité ».

2. Marie-Françoise Baslez, *Les premiers bâtisseurs de l'Église*, Fayard, Paris, 2016, p. 219s.

munautaire hiérarchisée autour du Père-abbé. Moines, ascètes et religieux se voient confier, au seuil de cette ère pacifiée, les exigences de témoignage jusqu'alors portées par les martyrs. Ils vont jouer le rôle de *modèle productif* pour la Grande Église, la vie chrétienne devant peu ou prou assimiler et reproduire ce format collectif généralement pyramidal.

Les deux voies d'accès au Royaume

Dès lors, la voie pour entrer dans le Royaume des Cieux se scinde en deux : la voie *commune* (simple obéissance et pratique des commandements) et la voie *spéciale*, normative (engagement radical à vivre les conseils évangéliques : pauvreté, chasteté/célibat pour le Royaume, obéissance) menant à la *vie parfaite* ou à la *perfection évangélique*. La figure collective du groupe des disciples suivant Jésus-Christ devient la matrice de cet édifice religieux. D'ailleurs, le discours sur la montagne et les conseils qui y sont prodigués par Jésus ne leur sont-ils pas adressés en priorité ? « À la vue des foules, Jésus monta dans la montagne. Il s'assit *et ses disciples s'approchèrent de lui.* Et prenant la parole *il les enseigna* » (Mt 5, 1)[3] ? Mais c'est oublier trop vite l'épilogue de ce discours, qui s'étend sur trois chapitres, et qui atteste que les foules sont bien présentes et que ce sont elles qui reçoivent cet enseignement (Mt 7, 28) : « Or quand Jésus eut achevé ses instructions, les foules restèrent frappées de son enseignement. » Cette place des foules, destinataires *aussi* de l'enseignement *direct*

3. Nous avons utilisé la TOB.

de Jésus, n'émerge qu'à la toute fin de ce long passage et n'est pas toujours relevée. L'histoire de l'Église est tissée de cet oubli et des tensions qu'il génère.

On voit se dessiner dans l'Église, très tôt, ces deux voies pour entrer dans le Royaume des Cieux avec les religieux et les moines puis un peu plus tard, les clercs et en dessous la voie commune, celle de la foule — dont on peut penser qu'elle préfigure les futurs laïcs.

Au fil de l'histoire de la chrétienté, les conseils réservés aux religieux muteront en préceptes et en normes juridiques. Pourtant, jamais la tension entre la figure individuelle du martyr-témoin et celle du disciple-religieux ne disparaîtra de l'histoire de l'Église, mais c'est bien la voie communautaire qui a pris l'ascendant en assurant la cohésion de l'ensemble[4]. Témoignage individuel ou vie communautaire, c'est parce qu'en son sein peuvent cohabiter ces deux versants que l'on peut parler de Grande Église et que, fondamentalement, il y a un refus permanent de laisser disparaître complètement l'un au profit de l'autre. L'Église, dans ce sens, s'adresse à tous. Cependant, la dimension individuelle de la foi et de son expression demeure toujours un peu problématique pour l'institution qui a charge d'assurer un minimum d'unité et de cohésion, voire d'homogénéisation. La vie des mystiques de toutes les époques témoigne bien de cette réalité.

---

4. Cette dimension communautaire apparaît très clairement dans la structure de la constitution sur l'Église *Lumen gentium* du concile Vatican II où le chapitre sur les laïcs est enchâssé entre celui sur la hiérarchie et ceux sur l'appel universel à la sainteté et les religieux, ce qui signifie que si le laïc n'est ni un clerc ni un religieux selon la traditionnelle définition du décret de Gratien (1142), il est bien *membre* du même corps ecclésial, de la même communauté.

QUAND LA PASTORALE S'ASSOCIA À LA SOCIOLOGIE

C'est dans ce terreau d'une Église pensée comme une société parfaite, par assimilation au modèle religieux porté ou élevé à hauteur d'idéal, que le catholicisme est entré douloureusement en Modernité…

Une nécessité de comprendre les changements internes

Le début du XXe siècle constitue à cet égard une page particulière dans l'histoire du christianisme, par les profonds cataclysmes que furent la crise moderniste puis la Première Guerre mondiale. Le christianisme se trouva ébranlé dans son être même de religion dominante, organisatrice de la société et unificatrice[5]. Dans les années 1930, la crise moderniste s'apaisant, l'Église de France commença à abandonner, discrètement et avec difficulté, des bribes de la position triomphaliste tenue jusqu'alors. Il fallut qu'elle apprenne à regarder ce monde qui se transformait malgré elle, voire contre elle, et qu'elle comprenne sa situation nouvelle. La chrétienté n'était plus et les politiques d'encadrement, que l'institution mettait en œuvre jusqu'alors, ne fonctionnaient plus. Avec la Révolution industrielle, l'exode

5. Le dernier âge d'or d'un retour du religieux se situerait autour de 1850, voir Guillaume CUCHET, *Comment notre monde a cessé d'être chrétien*, Seuil, Paris, 2018, p. 180-185.

rural, les lois de 1905, l'Église se trouva aspirée malgré elle dans des bouleversements qui l'atteignaient par le biais de sa population civile : les laïcs. Les églises rurales se vidaient sans que pour autant celles des villes ne se remplissent proportionnellement et les fidèles se disséminaient au gré des changements de vie qui s'imposaient à eux.

L'Église de France allait alors initier un profond changement pour se comprendre elle-même en se tournant vers la toute jeune sociologie à qui elle commanda un état des lieux scientifique, dans le but de penser des missions adaptées aux nouvelles réalités. Voici ce qu'en dira le pape Pie XII lors de son discours aux pèlerins français, à Rome (1953) :

> On note parmi les catholiques de France, particulièrement dans l'Action catholique, un effort de lucidité qui retient à juste titre l'attention du monde. Les progrès de la sociologie sont fructueusement utilisés dans les domaines où ses données sont valables ; on cherche à voir clair pour agir efficacement.

Les évêques français se tournent vers deux sociologues catholiques, Gabriel Le Bras (1891-1970, historien du droit, conseiller de l'épiscopat) et Ferdinand Boulard (1898-1977, prêtre), inscrits tous deux dans un courant intellectuel apostolique visant une nouvelle approche de la catholicité, dans la dynamique conjointe de la sociologie d'Émile Durkheim et de Marcel Mauss et des travaux théologiques des abbés Godin et Daniel, *La France, pays de mission*[6] ? Ils vont ainsi mener le

---

6. H. Godin et Y. Daniel, *France, pays de mission ?*, Cerf, coll. Rencontres, Paris, 1943.

plus vaste programme de recherche sociologique connu à ce jour, avec des enquêtes de pratique cultuelle (entre 1946 et 1966), auprès de dix millions de personnes et, en parallèle, avec un programme de recensement systématique de plus de quatre millions de fidèles lors des messes dominicales, entre 1949 et 1970. À l'issue de ce double programme, une carte de la France rurale religieuse (1947) et une de la France urbaine religieuse (1968) sont produites — et servent encore de référence aujourd'hui. Des réformes de l'action de l'Église sont alors pensées et amorcées, avec une vaste réorganisation territoriale tournée vers les « pays de mission intérieure ». Ce seront les pastorales d'ensemble avec l'Action catholique et les autres mouvements spécialisés, la mise en place de formations pour les laïcs invités largement à prendre leur part de cette évangélisation.

La fin du programme

Dans les années 70, ce programme d'enquête est petit à petit abandonné par l'Église, puis par le monde académique[7]. On repère trois raisons à cet abandon.

1) La constatation par la sociologie de l'obsolescence des catégories d'analyse de ce type d'enquête basées sur l'appartenance territoriale des personnes, car les institutions ont perdu de leur influence, au profit de « pratiques globales » : la triple association curé-église-village a été rompue. Depuis, d'autres techniques d'analyse ont été

7. Voir Alain Chenu, « Les enquêteurs du dimanche. Revisiter les statistiques françaises de pratique du catholicisme (1930-1980) », *Histoire et Mesure*, XXVI-2, 2011, p. 175-219.

apportées grâce aux avancées de la sociologie, notamment dans son approche biographique qualitative qui met au premier plan l'expérience subjective des individus ou la notion d'engagement, comme le montre partiellement la dernière enquête de 2017 (*La Croix*). La modernité dès lors ne peut plus être analysée en simples termes d'incroyance, de relativisme ou d'immanentisme.

2) Les statistiques que nous allons décrire plus loin furent construites en réponse à des problèmes que l'Église formulait en termes d'insuffisance de son influence territoriale. Or, la sociologie a rompu avec ce type de rapports au service d'une institution religieuse. Elle a reconsidéré ses propres présupposés, menant à sa déconfessionnalisation. L'usage pastoral de la science a été fortement critiqué par le sociologue dominicain Serge Bonnet qui a montré comment « la sociologie peut servir, selon lui, de façade aux lieux communs qui légitiment la domination [cléricale] ». Suite à ces travaux notamment, les sociologues firent un examen de conscience et s'interrogèrent « sur leur éventuelle responsabilité dans le façonnement de l'idéologie cléricale. Le chanoine Boulard fera bon accueil à la démarche de Bonnet et publiera une mise au point (1974)[8] ».

3) L'Église elle-même n'a plus été en mesure de mobiliser autant d'agents de recensement en interne, mais, surtout, le conformisme cultuel a perdu de son importance pour les catholiques qui ont développé des pratiques hors-sol. L'outil statistique de Ferdinand Bou-

---

8. Voir Yann Raison du Cleuziou, « Serge Bonnet et la sociologie de la domination cléricale. La controverse sur le catholicisme populaire », *Archives de science sociales des religions*, Éditions de l'EHESS, 2016/4, nº 176, p. 101-118.

lard et Gabriel Le Bras s'est considérablement déprécié au point qu'il fut abandonné « comme une épidémie qui ne trouve plus de nouvelles victimes[9] », même s'il continue de rester utile par ailleurs. Son plus grand pouvoir, à notre avis, n'est pas tant d'avoir provoqué un formidable engouement collectif pour les techniques statistiques qui incarnaient la modernité, que d'avoir fabriqué des cloisonnements qui continuent encore de conditionner notre compréhension de l'Église et de la foi des laïcs.

L'INVENTION DU PRATIQUANT

Revenons au programme élaboré par Le Bras et Boulard pour le situer dans son cadre confessionnel. Tout d'abord, le principe de compter une population, d'enquêter dans un cadre religieux n'est en soi pas nouveau et est même vieux comme la Bible.

Recenser est péché dans la Bible

Cependant, dans la tradition biblique, cet acte de dénombrement n'est pas anodin puisqu'il concerne Dieu. On se rappelle la triste fin du roi David qui exigea de son fidèle conseiller Joab, et contre l'avis de celui-ci, que soit recensé son peuple. Trop tard, David réalisa la gravité de cette commande :

9. *Ibid.*

> Mais après cela, le cœur de David lui battit d'avoir recensé le peuple, et il dit au Seigneur : « C'est un grand péché que j'ai commis ! Maintenant, Seigneur, daigne passer sur la faute de ton serviteur, car je me suis vraiment conduit comme un insensé ! » (2 S 24, 10).

Dans le Nouveau Testament, la naissance de Jésus est située lors d'un immense recensement, triplement cité par l'évangile de Luc (Lc 2, 1-2). Dans ces deux cas, décompter le peuple est présenté comme un acte de puissance humaine provoquant le projet de Dieu, et donc, comportant un risque majeur de l'ordre du péché. Or dans l'histoire de l'Église, ces pratiques d'enquêtes et de recensements sont courantes et font partie des outils pastoraux dont on trouve des traces fort anciennes, ainsi ce document daté de 906, où les évêques se voyaient obligés par le Code de droit canonique, d'inspecter ou de faire inspecter, environ tous les 5 ans, chacune des paroisses de leur diocèse. Un annuaire de fidélité, tenu par le curé, décrivait la présence et l'assiduité à la messe, le baptême, la communion pascale, les péchés commis…

Quand la foi des laïcs devint une présomption scientifique sur fond canonique

Le programme de Le Bras et Boulard ne constitue donc pas une nouveauté dans le paysage religieux, mais il est remarquable et totalement inédit, non par sa taille ou sa durée, mais par son caractère systématique et résolument scientifique fondé sur les théories de Durkheim pour lequel les religions sont un système solidaire de croyances et de pratiques et mis au service d'un « clergé [qui] a toujours cherché à dominer et à rationaliser les formes de la piété populaire afin d'en maîtriser l'orthodoxie[10] ». Dans un article publié en 1931 et qui servira de base pour l'élaboration du programme, Le Bras explique :

> La pratique n'est pas toute la religion [...]. La pratique ou l'abstention créent donc une simple présomption de foi ou d'incroyance. Mais il me faut bien, tout en niant l'équation : pratique = croyance, constater que les consciences échappent à notre regard, seuls des signes extérieurs nous permettent de supposer l'attachement aux dogmes et à la discipline de l'Église[11].

En découle alors un système de mesure dont l'objectif est de déterminer *l'attachement* d'une personne à l'Église (uniquement par le dogme et la discipline) à partir des seuls signes extérieurs considérés comme fiables et déclinés dans une échelle des pratiques à cinq positions :

> Niveau 1 : les « séparés » qui n'ont jamais appartenu à l'Église ou qui ont rompu toute attache avec elle ;
>
> Niveau 2 : les « conformistes saisonniers » qui ne vont à l'Église que pour les rites de passages correspondant aux quatre saisons de la vie : naissance, premier raisonnement, amour nuptial, mort ;

10. Gabriel Le Bras, « De l'état présent de la pratique religieuse en France », *Revue de folklore français* 4, 1933, p. 108.
11. *Ibid.*, p. 193-206.

Niveau 3 : les « pratiquants irréguliers » qui paraissent à l'église pour les grandes fêtes : Pâques, Ascension, Assomption, Toussaint, Noël et Rameaux. Ils sont en général pascalisants ;

Niveau 4 : les « pratiquants réguliers », qui assistent à la messe tous les dimanches et communient à Pâques ;

Niveau 5 : les « dévots » qui fréquentent assidûment l'église, communient souvent, font partie d'associations pieuses.

Bien que datant d'un article de 1931, cette échelle des pratiques nous est étonnamment familière au point qu'il est difficile, voire impossible, même aujourd'hui, de parler des laïcs sans utiliser l'une ou l'autre de ses catégories. Arrêtons-nous sur cette échelle qui utilise une terminologie non confessionnelle où il n'est pas question de baptisés, de fidèles, de croyants ni même de laïcs et encore moins de chrétiens, alors que la finalité est explicitement confessionnelle et pastorale. Ici, c'est uniquement l'attachement à l'Église institutionnelle qui est recherché comme attestation de la croyance. Les dénominations sont tirées du vocabulaire sociologique et expriment les différents degrés d'intégration en fonction de la présence à la messe dominicale et/ou quotidienne, le « dévot » s'imposant comme le sommet de la perfection que peut atteindre un laïc, car il associe la communion fréquente à l'intégration institutionnelle par le biais d'associations pieuses.

Rappelons que Le Bras était juriste et se fondait sur le code de droit canonique de 1917 qui consacrait 378 canons aux clercs, 192 aux religieux et… 43 aux laïcs dont les deux premiers stipulent que les laïcs « ont le droit de recevoir des clercs les biens nécessaires au salut » (can. 682) et qu'ils « ne peuvent pas porter l'habit clérical » (can. 683) ; les 41 suivants sont uniquement consacrés aux associations de fidèles dont le but est

> soit [de] développer une vie chrétienne *plus parfaite* entre leurs membres, soit [d']assurer la pratique de quelques œuvres de piété ou de charité, soit enfin le développement du culte public.

C'est à partir de ce cadre juridique de 1917 et de la discipline des ordres religieux, qu'est élaboré l'attachement religieux des laïcs : fréquentation assidue à la messe — qui n'est pas stipulée dans le code de droit canonique — et l'appartenance à des associations de fidèles. En bas de l'échelle, il y a les rites de passages des quatre saisons de la vie qui évoquent sans les nommer le sacrement du baptême et celui du mariage (le « premier raisonnement » devant correspondre à la communion solennelle ou à la confirmation) ; et en haut de l'échelle, messe quasi quotidienne et associations pieuses, uniquement celles érigées ou approuvées par l'Église, qui caractérisent canoniquement la vie chrétienne « plus parfaite » (can. 685). En procédant ainsi, Le Bras définit l'attachement des fidèles laïcs, non plus seulement par rapport au code de droit canonique, mais aussi au niveau de discipline ordonnée à celles des religieux ce qui rétrécit radicalement le périmètre des anciennes politiques d'encadrement des laïcs. Sous l'ère de chrétienté, les fidèles ordinaires étaient massivement des conformistes saisonniers ou pratiquants irréguliers en termes de stricte participation à l'eucharistie et associations pieuses. Contrairement aux idées reçues, il est permis de penser qu'il était plus simple d'être catholique en régime de chrétienté qu'à l'époque dite moderne, puisque l'essentiel de la vie sociale était organisée autour du religieux. Être ou pas pratiquant ne se posait pas en tant que tel. Or l'approche statistique de Le Bras, selon les orientations des pasteurs, a réduit drastiquement le contenu de ce que les sociologues d'alors estiment être la vie chrétienne. Dans son échelle, pas un seul sacrement n'est nommé en dehors de la messe ni aucun des autres éléments de dévotion, pas même la prière ni la pratique de la charité... Tout cela finira par être qualifier de religion populaire ou de folklore, de privatisation de la foi, de laïcisation...

L'enquête commandée par les évêques va donc instituer, en le modélisant, un idéal-type de laïc, le dévot étant encore bien plus proche dans son cahier des charges du religieux ou du moine que ne l'était le laïc du décret de Gratien (1142). Ce décret, base du droit ecclésial, fut le premier à fixer juridiquement un statut propre aux laïcs et à déterminer le caractère séculier de leur état de vie par distinction de deux classes au sein du peuple des fidèles : la première est constituée par les deux états de l'Église (prêtres et moines) et la seconde par les laïcs[12] :

---

12. Ce décret pose comme principe la distinction des états de vie chrétienne, sur la base de la faiblesse spirituelle des laïcs — et de la menace qu'alors ils représentaient en termes de pouvoir politique — à qui l'on concède un certain engagement dans le monde, fermement encadré, faute de mieux. Cependant, la distinction est posée et l'Église attesta et continue d'attester qu'un « être chrétien » *dans* le monde est une réalité et répond à une vocation particulière, même si elle l'a pensé bien longtemps, dans la modalité d'un état mineur.

> Il y a un genre de personne, consacré aux offices divins, à la contemplation et à la prière, qu'il convient d'éloigner de tout bruit du monde, car il s'agit des clercs, fidèles à Dieu, ou bien des convers [...] il y a les laïcs [...] qui peuvent posséder des biens temporels, même au-delà de l'usage [...] ils peuvent se marier, cultiver la terre, juger dans les tribunaux, se défendre dans un litige, offrir des sacrifices sur l'autel, rendre les impôts, et ils peuvent ainsi se sauver, s'ils fuiront les vices et feront le bien.

Dans l'échelle à cinq niveaux de Le Bras, la traditionnelle obligation de « faire ses pâques », fixée au IVe concile du Latran (1215) et perpétuée jusqu'à nos jours est dégradée au rang de pratique irrégulière !

L'« EUCHARISTISATION » DE LA VIE DES LAÏCS

L'Échelle des pratiques, fut un formidable outil d'analyse tant pour les sociologues que pour les pasteurs. Elle a accompagné la lame de fond de valorisation de l'apostolat des laïcs, qui, avec l'Action catholique, a traversé l'Église. Cependant, comme nous l'avons évoqué précédemment, la référence systématique à la messe comme unité de comptage a induit un processus d'« eucharistisation » de la vie des laïcs. A été reléguée dans la sphère du privé la quasi-totalité de ce qui constituait jusqu'alors traditionnellement leur vie de foi dans son expression la plus élémentaire. La prière personnelle, la pratique de la charité, les engagements et la dimension éthique de la vie sociale, ont été subrepticement désinstitutionnalisés par l'Église elle-même qui, paradoxalement, n'y voyait plus des « signes extérieurs d'attachement au dogme et à la discipline de l'Église » à cause de leur caractère non évaluable sur le plan quantitatif. Nous repérons ainsi cinq grands virages induits par cette enquête et dont nous continuons de ressentir la profonde marque dans notre inconscient catholique, tout au moins français.

Le premier est un virage « eucharistique » : par cette enquête, la croyance n'est plus pensable qu'en termes de taux de pratique : croire, c'est aller à la messe. L'eucharistie a éclipsé tous les autres éléments de la vie religieuse qui ont été relégués au rang de folklore, de piété populaire. Mais en déplaçant le curseur sur elle, ce sont aussi tous les autres sacrements, en dehors de l'ordre, qui sont mis en quelques sortes sous tutelle. Le plus grand perdant est le baptême devenu un sacrement mineur en attente de confirmation. En ce sens, et paradoxalement, il en arrive à ne plus avoir la dimension pleine d'un sacrement mais d'un simple rite.

Le deuxième virage, conséquence collatérale de cette eucharistisation de la vie des laïcs, c'est l'Église qui a elle-même ouvert la porte à la privatisation du croire et à la désinstitutionalisation d'une partie des expressions de la foi. Grâce à la formidable réception des résultats des enquêtes, l'opinion publique catholique a appris à délaisser la terminologie du « fidèle » pour adopter celle du « pratiquant », plus moderne. C'est alors toute l'identité des croyants qui s'en trouve modifiée et surtout l'autocompréhension qu'ils ont d'eux-mêmes et de leur propre statut. En découvrant les premières enquêtes diligentées par leurs pasteurs, les catholiques dans leur très grande majorité ont appris à intégrer qu'ils n'étaient plus vraiment comptés comme de la famille puisqu'estimés (scientifiquement) comme non croyants ou considérés comme tels à cause de leur niveau de pratique estimé trop bas. Ils ont aussi découvert de ces mêmes sources, que la manière dont ils faisaient fructifier leur héritage religieux n'était au mieux que du folklore ou de la culture et qu'assurément cette manière de faire n'était plus suffisante voir même, prouvait (toujours scientifiquement) leur indifférence, leur rupture de communion, leur manque d'engagement et de loyauté. Ils se sont trouvés ainsi assimilés à la société de consommation, laïque, athée, estampillés « consommateurs » de religieux[13]. Cette génération a également découvert qu'elle était dorénavant soit sujet de l'évangélisation — *France, terre de mission* — puis de la Nouvelle évangélisation, soit invitée à coopérer activement *ad intra* (Action catholique et autres mouvements de laïcs). Le peuple des baptisés laïcs est passé en quelques années de l'ère inclusive de la chrétienté à celle exclusive de la modernité : soit non-pratiquants soit dévots, l'entre-deux n'ayant plus de validité. En parallèle des activistes et des lobbies qui font entendre leurs revendications et maîtrisent les outils médiatiques, la réalité catholique a glissé hors des territoires ecclésiastiques et abandonné toute parole explicite. F. Moser[14], en parlant de la religion populaire, explique qu'elle « est peu loquace sur elle-même » et « ne méta communique pas ». Ce silence

---

13. F. Moser, *Les croyants non pratiquants*, Labor et Fides, Genève, 1994. Cette étude concerne l'Église protestante, mais l'analyse est pertinente pour comprendre également le mouvement de désinstitutionalisation du catholicisme.

14. *Ibid.*, p. 26-27.

est une *abstention* ou un *suspens*[15] comme nous venons de le voir ci-dessus, il doit être entendu comme l'abandon et la fatigue de croyants qui n'ont plus rien à dire ou à partager avec l'Église, qui ne comprennent plus la pertinence de maintenir des liens avec une communauté ecclésiale qui ne leur correspond plus, et qui ne consentent à réactiver que ce qui touche à l'essentiel primordial de l'existence : les grands passages de la vie marqués par le baptême, le mariage et les funérailles. Ce silence est aussi le résultat de la déculturation d'une ou plusieurs générations perdues par d'anciens combats idéologiques post-68, ou laissés pour compte d'une « ancienne » évangélisation qui aurait raté la cible. Il dit, négativement, le vide laissé par une absence de transmission de l'héritage chrétien.

Le troisième virage porte, paradoxalement sur la valorisation de l'apostolat des laïcs, grâce à l'Action catholique et aux formations déployées pour former les « cadres » ecclésiaux. Le mot *laïc* s'est comme cléricalisé pour devenir synonyme de spécialiste, intégré et participant à la vie de l'Église. Nous verrons plus loin comment le concile Vatican II a accéléré cette valorisation. Cette tendance est pointée par Moser qui l'exprime comme une dualité[16] :

> L'« Église ouverte à tous » [citation de W. Kramer] devenait une Église de fonctionnaires actifs et de soi-disant membres passifs, qui restaient à distance…

---

15. Jean-Marie Donegani, « Les récits de vie », dans G. Routhier et M. Viau (dir.), *Précis de théologie pratique*, 2e éd. augmentée, Novalis/Lumen vitae/L'Atelier, coll. Théologies pratiques, Montréal/Bruxelles/Paris, 2007, p. 105-117.

16. F. Moser, *Les croyants non pratiquants*, p. 31, n. 2.

C'est d'ailleurs une des questions que les évêques se sont posées lors de l'Assemblée épiscopale française réunie à Lourdes en 1986 :

> Un danger est quelquefois signalé : celui de voir les laïcs (= ceux qui ont un rôle dans l'Église) devenir à leur tour une catégorie privilégiée, trop distante de ceux que l'on appelle parfois le « tout-venant ». L'on entend par là les laïcs qui, fréquentant les assemblées dominicales ou seulement pratiquants occasionnels, ne sont pas en mesure d'adhérer à des mouvements ou associations ou encore de participer explicitement à des activités ecclésiales.

Les évêques, en reprenant explicitement les critères canoniques (pratique fréquente et adhésion à des associations ecclésiales propres au dévot de Le Bras), attestent la réalité du rapprochement qui se fait entre les laïcs qui ont un rôle *dans* l'Église et ces normes : le laïc engagé devient synonyme de dévot. Ils y voient un danger. Le rôle du laïc *dans* le monde est absent et l'on sent qu'il risque d'être associé aux pratiquants occasionnels ou qui ne sont pas en mesure d'adhérer à des activités ecclésiales — ou qui n'en ont pas le désir ? Dans la suite de cette réflexion, le groupe Pascal Thomas s'est fixé comme finalité de leur recherche « d'aider les chrétiens à prendre conscience de cette place qui est la leur : être laïcs est *la possibilité* de tout baptisé et de tous les baptisés ».

Le quatrième virage porte sur la recomposition du paysage ecclésial, car si n'est pas laïc qui veut dans ce nouveau schéma, on peut dire qu'avec le remaillage territorial des paroisses, n'est plus pratiquant qui veut. Contre toute attente, vivre sa foi en France à partir des années 70-80 n'est pas seulement une question de choix personnel, mais bien de possibilité. Il y a eu comme un remembrement concentrant au fil du temps toute l'énergie pastorale autour du clergé situé principalement dans les grands centres surtout urbains, sans trop se soucier du « démaillage » induit en milieu rural et ouvrier, malgré la présence de l'Action catholique dans ces lieux. La faible pratique eucharistique est devenue la norme imposée pour beaucoup pour des raisons structurelles, sans qu'une réelle volonté pastorale se fondant sur les laïcs comme ressource positive ne soit proposée parallèlement dans les territoires désertés par l'institution.

Enfin, le dernier virage que nous identifions est celui du doute systématique et de la dissymétrie des relations pastorales en pastorale du seuil. À ces personnes qui frappent à la porte pour demander un sacrement ou un accompagnement lors d'un événement marquant, on demande d'avoir foi de manière inconditionnelle en l'Église qui s'exprime par la voix de ses pasteurs ou de ses agents pastoraux. En retour, l'institution forte des schémas communs produits par les statistiques, manifeste de manière plus ou moins consciente, une forme de suspicion, de doute systématique en attente de preuves et de garanties. Dans ces conditions d'accès aux sacrements[17], peut-on encore parler de « don gratuit de Dieu », de prise de conscience, d'alliance ? Quel est ce Dieu dépendant d'une telle institution qui le pense

17. Conférence des Évêques de France : « les sacrements sont des signes visibles du don gratuit de Dieu (la grâce), qui permettent aux hommes de prendre conscience de la présence de Dieu au milieu d´eux. Ce sont des actes d'alliance qui unissent au Christ par l'action de l'Esprit Saint, relient les hommes à Dieu et à leurs frères par le plus intime d'eux-mêmes et incorporent dans l'Église. »

impuissant et incapable de mener à terme une relation d'alliance avec une de ses créatures ? N'est-ce pas une autre forme de mort de Dieu… ?

VATICAN II : LE LAÏC « SUPER CROYANT »

Mais cette partie contextuelle pose aussi la question juridique de la pertinence du décret de Gratien qui, au Moyen Âge, avait pour but de protéger les clercs et religieux du pouvoir laïque devenu menaçant, trop puissant et invasif. En instituant juridiquement ces statuts différenciés, l'Église a dit quelque chose d'elle-même.

Avec l'enquête des Trente Glorieuses et les politiques pastorales, la rhétorique ecclésiale a évolué plus positivement pour associer toujours plus les laïcs à la vie de l'Église. On parlera de complémentarité, de collaboration dans ce paysage nouveau, mais une question demeure comme une blessure : pourquoi l'hypothèse comptable de Le Bras et son échelle des pratiques ont-elles été si bien et si facilement accueillies dans l'Église, intégrées à son vocabulaire et utilisées sans modération en théologie pastorale ? Pourquoi cette approche sociologique a-t-elle eu un tel succès au point qu'aujourd'hui encore, il est impossible de penser la foi d'un laïc sans faire référence, à un moment où à un autre, à son niveau de pratique cultuelle ? Et surtout, pourquoi les laïcs ont-ils accepté une telle quantification de leur foi et continuent-ils encore à l'accepter, au moins pour ceux à qui la terminologie de la « pratique » parle encore ? Sur le plan de la méthode, la sociologie n'utilise pas les catégories propres à la foi pour étudier son objet, elle ne fait pas de théologie et ne prétend pas en faire. Mais la théologie — et avec elle les pasteurs et les croyants — pourrait-elle réciproquement, reprendre la question de la foi des laïcs avec ses catégories propres ?

Pourtant, et il faut lui rendre justice, le travail statistique opéré à la demande de l'Église de France a fait profondément évoluer la compréhension des laïcs quant à la valeur de leur apostolat devenu nécessaire, et ceci grâce à l'influence de l'Action catholique. Ce fut comme une lame de fond qui a traversé l'Église. Le concile Vatican II a poursuivi cette valorisation du laïcat et a posé les bases d'une compréhension encore plus positive de ce statut.

Tout d'abord, la constitution sur l'Église (*Lumen gentium* 31) rappelle explicitement la distinction juridique posée par le décret de Gratien : un laïc n'est pas un clerc et n'est pas un religieux. Puis, il apporte une seconde définition, celle-là formulée en propositions positives — qui ne fut pas sans difficultés ni longues discussions entre les Pères du Concile — : les laïcs sont témoins et instruments de la mission de l'Église, ils ont la possibilité de coopérer à l'apostolat de la hiérarchie (*Lumen gentium* 33), bref, ils sont une bonne nouvelle pour l'Église et pour le monde.

Mais en parallèle, la constitution sur la liturgie (*Sacrosanctum concilium* 100) — dont la finalité était de rappeler que la liturgie est l'affaire du peuple tout entier et non des seuls clercs — va opérer un déplacement spirituel, un rapprochement entre les laïcs et les religieux dont nous ne sommes pas certains qu'il soit tout à fait bien ajusté ni heureux, contrairement aux apparences. Le Concile a introduit la recommandation aux laïcs de réciter l'office divin, qui était en quelque sorte la spécialité des religieux et des prêtres. Les laïcs peuvent faire cette récitation soit avec les prêtres, soit entre eux, soit individuellement. Mais, la constitution « oublie », pour les laïcs, l'indication de restriction qu'elle accorde par ailleurs aux instituts religieux ou aux clercs. À ces derniers, il est « donné autorisation de s'en acquitter partiellement » (*SC* 98 et 99) dans certains cas. Ce détail n'est à relever que pour indiquer l'oubli en lui-même, car il dénote combien le niveau de compréhension des Pères à l'endroit des laïcs était abstrait et théorique.

Mais il indique surtout que le laïc idéal, rêvé par le Concile, est finalement assez improbable — sauf à le retrouver au sein des instituts séculiers et certains mouvements spirituels —, car ce qui lui est recommandé est à peu près inatteignable dans une vie ordinaire partagée entre famille, travail, vie sociale… Pour prétendre s'approcher de la perfection selon le Concile, le laïc se révèle être une sorte d'expert du grand écart à qui il est demandé d'être autant profane que religieux, le tout à haut niveau : très pratiquant, très engagé dans la société, très intégré ecclésialement, très priant. L'éthique des virtuoses est l'objectif à atteindre laissant entendre qu'un laïc aurait vocation à devenir un religieux en modèle réduit, c'est-à-dire un dévot observant, militant et messalisant.

C'est bien toute la contradiction du statut du laïc qui ressort ici avec cette difficile reconnaissance d'une identité et d'une vocation propres et autonomes et pouvant s'adresser à tous, même à ceux non intégrés dans des structures d'Église. Cet écart entre la réalité vécue et l'idéal proposé met les baptisés en porte à faux, notamment lorsque la politique territoriale concentre l'essentiel de la vie de la communauté autour de grandes paroisses principalement urbaines ou que le rythme de la vie professionnelle ou familiale complique l'obéissance aux recommandations du magistère. À la fatigue d'être soi s'ajoute aussi celle d'être « catho » dans une société occidentale — surtout française — traversée de crispations et de stigmatisations qui invitent beaucoup de croyants à descendre sous la ligne de flottaison de l'iceberg-Église, à immerger l'expression de leur foi. Cet écart entre la norme et la réalité vécue est un problème qui engage la pertinence de cette norme et donc la crédibilité de l'Église qui la fixe. Faut-il revoir ces normes pour les rendre abordables ? Faut-il continuer à considérer qu'une vie chrétienne accomplie doit s'ajuster à celle des religieux ? Faut-il honorer la différence entre états de vie jusque dans ces normes et assumer cette pluralité, positivement, ou continuer à laisser un écart se creuser entre baptisés ?

Chapitre II

SUR LES TRACES DES AUTRES COMPAGNONS QUI ONT AUSSI « PRATIQUÉ » JÉSUS

À cette étape, nous devons donc enquêter dans les évangiles pour comprendre ce que peut recouvrir le verbe *pratiquer* la personne de Jésus, au sens de le fréquenter habituellement. Lorsqu'il est question de cette fréquentation, il est assez naturel de l'associer au groupe des disciples, « ceux qui ont reconnu Jésus pour leur Maître », constitué d'abord du petit noyau intime des Douze puis d'un cercle plus large (les soixante-douze qu'il envoie en mission et sans doute d'autres[1]). Cette association est logique si l'on considère l'injonction du Ressuscité à la fin de l'Évangile selon Matthieu (28, 19) :

> Allez donc, de toutes les nations faites des disciples, les baptisant au nom du Père et du Fils et du Saint-Esprit, et leur apprenant à observer tout ce que je vous ai prescrit.

---

1. « Disciple », dans *Vocabulaire de théologie biblique*, Cerf, Paris, 2003, p. 290.

Même si cette finale est probablement un rajout tardif, on peut penser que ce « faire des disciples » constitue le cœur de la mission des apôtres. Or (1) Jésus a tissé bien des relations de compagnonnage et de fidélité, des réseaux amicaux sans pour autant « faire des disciples » au sens d'un appel à le suivre dans le groupe des disciples. La « suivance » ou la pratique de Jésus concerne bien plus de monde que le seul cercle des disciples. Un autre aspect (2) de cette « pratique » de Jésus retiendra notre attention : la foi de ces compagnons. Aucun appel de disciple ne résulte d'une profession de foi envers Jésus. Force est de constater qu'aucune profession ou expression de foi ne débouche sur un appel. Jésus renvoie généralement ces croyants chez eux après avoir attesté leur « foi qui sauve ». Que sont donc ces croyants renvoyés chez eux et comment comprendre cette « foi qui sauve » dans le projet de Jésus ? Enfin (3), puisqu'il y a *des* réseaux de croyants et de « suiveurs » autour de la personne de Jésus, nous observerons comment ces divers groupes sont en interrelation et comment Jésus enseigne à ses disciples l'hospitalité ouverte envers les *outsiders*. Pour ce faire, il introduit une vision de Dieu-père qui n'est passionné que par ce qui est perdu et qui entend partager l'héritage entre *tous* ses enfants…

À LA SUITE DE JÉSUS : DISCIPLES ET AUTRES COMPAGNONS

Le verbe *suivre* dans le Nouveau Testament recouvre plusieurs sens. Dans les lettres pauliniennes, la suivance du Christ signifie se conformer à lui, le revêtir. C'est un processus inauguré par le baptême et qui entraîne une certaine manière de vivre en société. L'évangile selon Jean présente autre chose. Suivre le Christ y signifie croire en sa parole, être éclairé par sa lumière, le suivre comme un chemin. Enfin, les évangiles synoptiques (Luc, Marc et Matthieu) utilisent le verbe *suivre* pour un déplacement physique (ex. Mc 14, 13 : deux disciples suivent un homme pour préparer la salle du repas ou bien Pierre suit Jésus de loin après son arrestation, Mc 14, 54), mais le terme peut marquer l'adhésion ou l'obéissance (ex. Mc 1, 18 : les pécheurs laissent leurs filets pour le suivre ; le Gérasénien qui rentre chez lui malgré son désir de le suivre, Mc 5, 18-20). Ces diverses formes de suivance se retrouvent aussi dans les cercles aux frontières poreuses qui se forment autour de Jésus, des plus éloignés (les adversaires et les foules) aux plus intimes (les apôtres/les Douze). Entre ces extrêmes se trouve celui des compagnons et des disciples.

L'exégèse contemporaine montre combien sont nombreux celles et ceux qui ont gravité autour de Jésus ou qui l'ont rencontré, et une lecture fine des évangiles dévoile plutôt un réseau de liens, de relations plutôt que des groupes étanches. On peut dire qu'il y a *des* pratiques de Jésus, *des* modes de fréquentation, d'amitié, de sympathie, et Jésus garde une totale liberté par rapport à toutes ces modalités relationnelles. Chacune a son importance et même l'ennemi (ou le traître) reçoit de sa part une totale hospitalité, mais nous laisserons de côté ce cercle hostile, pour nous concentrer sur ce qui caractérise ceux que nous appelons les sympathisants.

Les foules

La foule est un personnage majeur sur le plan narratif par la permanence de sa présence tout au long des récits et par son identité explicite : elle porte un nom, elle possède une identité propre, c'est la foule/les foules/la multitude. Elle se caractérise par son corps pluriel, indifférencié, ni bon ni mauvais. Elle est la première destinataire d'un certain nombre de miracles et d'enseignements, réservoir potentiel et interface nécessaire avec le monde, l'universel à qui la Bonne Nouvelle est annoncée. On peut la voir aussi comme la grande concurrente des disciples en termes de suivance tant elle se montre infatigable voire obstinée à (pour-)suivre Jésus — tout comme les disciples à la fin de la « journée inaugurale[2] » dans l'évangile de Marc —, quelquefois au risque de faire obstacle à sa mission. À cause d'elle et du mur qu'elle forme, Zachée doit monter dans un arbre et les porteurs du paralytique passer par le toit de la maison de Pierre. Il arrive aux disciples de l'éloigner ou d'être embarrassés par sa présence dont ils ne savent que faire surtout lors-

2. Cette journée qui se déroule à Capharnaüm se situe au début de la vie publique de Jésus et contient en germe tout ce que sera l'activité de Jésus. C'est en cela qu'elle est appelée « inaugurale ».

qu'il s'agit d'en prendre soin et de la nourrir. C'est une suiveuse... Mais Jésus en prend soin, il en a pitié et la nourrit tant spirituellement que physiquement, et après la multiplication des pains (Mt 14, 22-23), c'est lui-même qui la renvoie. Jésus attend de la foule qu'elle retourne à son quotidien. C'est sa vocation.

Cette forme de suivance collective pourrait être considérée comme subalterne ou mineure sur le plan spirituel parce que trop charnelle ou populaire. Pourtant, comme nous l'avons relevé plus haut, tout comme les disciples, les foules reçoivent l'intégralité de l'enseignement de Jésus sur la montagne (Mt 5 – 7), elles sont « frappées par son enseignement ». C'est de son corps, de sa masse anonyme qu'émergent tous les personnages qui vont faire l'expérience d'une rencontre personnelle avec Jésus, comme par exemple la femme hémorroïsse (Mt 5, 25-34) ou Lévi (Mc 2, 13-15). Elle est le contre-exemple qui permet d'éclairer et de relativiser ce qu'on entend par suivre Jésus : il ne suffit pas de le suivre ni d'être longuement enseigné par lui pour être appelé à devenir son disciple. Elle est l'antithèse du principe selon lequel il serait obligatoire d'intégrer la communauté spécifique des disciples — somme toute bien minoritaire dans les évangiles —, pour accompagner Jésus en vérité.

« Faites des disciples » ?

« Suivre Jésus » est donc une expression à manier avec précaution, sans établir trop vite de corrélation avec la figure-type du disciple des synoptiques, puisque tout le monde n'est pas appelé par Jésus qui n'a pas cherché à faire nombre autour de lui. Le rapport à l'institution de la Cène est primordial aussi pour notre question, puisque ce repas n'a rassemblé que quelques intimes. Lorsqu'on regarde précisément en Matthieu 28, 19 l'expression « faites disciples », il s'agit en grec d'un verbe construit à partir de la racine « disciple » et qu'on pourrait traduire par « éduquez, formez, faites advenir des disciples[3] ». C'est le sens de la fin du verset 19 : « … leur apprenant à observer ». C'est un verbe qui parle d'un acte éducatif, pédagogique qui ouvre sur une relation dans la durée, un chemin, mais certainement pas la fabrication d'un « produit » déterminé et fini[4].

C'est dans ce chemin de vie que s'inscrit alors la dimension multitudiniste, signifiée par les diverses multiplications de pains et leurs restes abondants destinés aux absents, mais aussi par le nombre symbolique des Douze représentant toutes les tribus d'Israël puis par extension toutes les nations. Ce repas entre intimes qu'est la Cène se situe dans ce rapport à la multitude. Lorsque Jésus demande à ce que ce mémorial soit célébré « *pour* la multitude », il s'agit bien d'un service rendu pour le monde dans son ensemble. L'évangile johannique va même plus loin et présente ce mémorial comme un lavement des pieds, geste ultime du service. Le caractère multitudiniste de ce dernier repas n'est pas, paradoxalement, que tous y participent, en tous cas dans l'invitation faite par Jésus, mais qu'il soit au service de la multitude. Le caractère « multiplicateur » et

---

3. Je me permets de renvoyer à l'article qui développe cette question : « "Faire" ou "appeler" des disciples ? Matthieu l'évangéliste a choisi », revue *Lumen Vitae* 2018/3, p. 245-254.

4. Cela rejoint les intuitions de l'initiation chrétienne mais aussi de la « pastorale d'engendrement ».

diffusant de ce mémorial se comprend sous l'angle de la *responsabilité* des quelques participants à représenter le monde, à offrir dans la consécration tous les absents qui travaillent au Royaume[5]. Lorsque Jésus invite les Douze à ce dernier repas, il ne leur fait pas une faveur. Il les investit plutôt d'une grave responsabilité pour le monde en vue du Royaume.

La « nébuleuse » des compagnons et des disciples

À l'autre bout de la chaîne relationnelle inaugurée par la foule, on trouve le cercle restreint des apôtres qui, comme la foule, est caractérisé sur le plan littéraire par une identité précise, un nombre symbolique et une récurrence narrative : c'est un personnage principal. Les Douze se distinguent des autres disciples parce qu'ils sont nommés explicitement par Jésus et qu'ils sont les uniques participants au dernier repas.

Mais c'est la nébuleuse des compagnons et disciples qui nous intéresse plus particulièrement, car elle est constituée de toutes celles et ceux qui franchissent le cap de l'anonymat de la foule pour devenir à un moment donné des personnages identifiables (soit par leur nom :

---

5. L'eucharistie est alors à entendre comme la consécration portée par quelques-uns, de tous les fruits portés par les autres. C'est là que se joue la *communion* de l'Église entre baptisés notamment. C'est la vocation des communautés célébrantes, en vue et au service de la vocation de l'ensemble du corps des baptisés, l'Église, dont le concile Vatican II rappellera qu'elle est « sacrement pour tout le genre humain » et qu'elle « reçoit mission d'annoncer le royaume du Christ et de Dieu et de l'instaurer dans toutes les nations, formant de ce royaume le germe et le commencement sur la terre » (constitution apostolique *Lumen gentium* 1 et 5).

ainsi Nicodème ou Bartimée ; soit par une caractéristique physique : aveugle, paralysé ; soit par l'appartenance à un groupe distinct : les femmes, les disciples ; enfin soit par un statut d'ordre familial ou social : la mère de Jésus, son cousin Jean le Baptiste, une veuve, un centurion). Les personnages de ce cercle ont tous rencontré personnellement Jésus au moins une fois et leur présence dans les récits indique que d'une manière ou d'une autre cette rencontre a été marquante pour les premiers chrétiens.

Ce cercle intermédiaire est parcouru de plusieurs mouvements : on peut toujours en sortir pour réintégrer la foule ; quelques-uns peuvent se retrouver, après appel, dans le sous-groupe plus restreint des disciples ; mais la plupart demeurent dans l'entre-deux : ni foule ni disciple. Les évangélistes ne leur attribuent aucune identité spécifique. Peu d'études leur ont été consacrées en tant que réseau, groupe constitué[6]. On les nomme compagnons, amis, sympathisants, famille, etc. Sur le plan littéraire, ce sont des personnages secondaires ou mineurs, car ils sont marqués par le fait qu'il leur manque toujours au moins un des éléments propres aux personnages principaux : une présence récurrente dans le récit, une identité propre.

Une de leurs singularités, et non des moindres, est de *ne pas être disciple* au sens propre, car ce type « disciple » répond à des critères précis, dont quatre sont repérés dans les évangiles synoptiques pour le caractéri-

---

6. Voir John Paul Meier, *Un certain Juif Jésus*, t. III, Cerf, coll. LDHS 10, Paris, 2005. Il souligne que le réseau de relations dans leur pluralité a « souvent été négligé dans les travaux récents sur le Jésus historique », p. 12.

ser : (1) c'est Jésus qui appelle explicitement une personne à le suivre ; (2) la réponse attendue implique de quitter des habitudes ou une partie du quotidien pour entrer dans une itinérance ; (3) cette suivance doit traverser l'épreuve du jusqu'au bout de la Passion et implique donc un consentement à la propre mission de Jésus ; (4) enfin, cette suivance entraîne l'adoption de l'hospitalité inconditionnelle de Jésus envers le prochain, le pécheur, quel qu'il soit, au risque d'enfreindre les lois de pureté et de sabbat. Ce sont uniquement des hommes — même si Luc et Marc évoquent des femmes qui pourraient correspondre à ces critères (Mc 15, 40-41 et Lc 8, 1-3) — souvent anonymes. Les disciples ne sont pas assimilables aux apôtres, car ils ne sont pas choisis spécifiquement par Jésus au moment de l'appel sur la montagne ni conviés à son dernier repas.

Les autres compagnons ou sympathisants ont en commun avec les disciples d'être sortis de la foule, de marcher avec Jésus et de ne pas être apôtres. Il ne leur manque *que* l'appel explicite à devenir disciple. Cette absence d'appel est capitale et se double ou s'aggrave par des injonctions catégoriques à aller, à rentrer chez soi et même à ne pas suivre. Malgré cela, des amitiés iront jusqu'au bout de leur fidélité (les femmes au pied de la croix, Joseph d'Arimathie et Nicodème par exemple), mais il manque définitivement cet appel à la suivance telle que définie ci-dessus. Les récits de ces rencontres constituent pourtant une part importante de la trame relationnelle des évangiles et permettent deux éclairages pour notre sujet. (1) Ces personnages secondaires étayent la figure du disciple qui, à elle seule, est somme toute assez pauvre sur le plan narratif et parsemée de bien des zones d'ombres. Grâce à ces figures secondaires, l'être disciple est ouvert, plus complexe qu'une stricte adjonction de critères préétablis. (2) Ces compagnons, surtout chez Marc, permettent de relativiser certaines images stéréotypées de ceux qui suivent ou pourraient suivre Jésus[7], ils apportent ce qui fait l'épaisseur et la chair de la relation avec Jésus. Le lecteur entrevoit un processus de conversion, de cheminement personnel ; il est rejoint par ces expressions de foi empreintes de grandeur et de faillibilité. Avec ces personnages secondaires et mineurs sur le plan narratif, il est possible d'être rejoint personnellement dans le quotidien d'une vie spirituelle ordinaire, non déterminée a priori par une vocation particulièrement choisie ou entendue.

LA FOI QUI SAUVE… POUR QUOI FAIRE ?

Si l'issue de ces rencontres avec Jésus recouvre toujours un caractère extraordinaire par le relèvement opéré de tout l'être (guérisons, réhabilitation sociale…), l'attitude initiale de ces personnages est en revanche, banalement humaine, décevante même. Ainsi, ce paralytique porté par quatre hommes, tellement passif et inexpressif. Ou ces enfants absents pour lesquels les parents intercèdent auprès de Jésus. Ici, aucun mérite personnel ni acte héroïque ou généreux ne prévalent

---

7. E. Struthers Malbon, *En compagnie de Jésus. Les personnages dans l'évangile de Marc*, Lessius, coll. Le livre et le rouleau 35, Bruxelles, 2009.

pour bénéficier de la guérison ou de la sollicitude de Jésus. Seule, la foi des porteurs ou des parents agit (même si l'on peut supposer ou espérer que le paralytique fait confiance à ces hommes ; mais dans le cas des enfants, ils sont presque extérieurs à la démarche, voire totalement absents). D'autres sont entreprenants et revendicatifs au point de déranger et d'être, dans un premier temps, rejetés, comme Bartimée qui crie ou la Cananéenne qui force l'intimité du repos de Jésus. La femme hémorroïsse qui touche le manteau de Jésus par derrière dévoile le caractère superstitieux de sa démarche, pourtant attestée par Jésus comme acte de foi.

Cette foi envers Jésus n'est pas toujours discernable dans ces récits et ne l'est guère plus chez les disciples par ailleurs. Dans l'évangile de Jean, certains disciples récriminent contre Jésus et ne croient plus en lui à tel point qu'ils le quittent après son discours sur le pain de vie (Jn 6, 61.64). Cependant, il y a toujours dans ces récits la présupposition d'une foi déjà là, expression d'une confiance fondamentale en la vie ou envers un témoin qui aura diffusé une parole sur Jésus, une rumeur. C'est cette confiance qui est mise en avant par les évangélistes, car elle permet à ces personnes d'oser venir à Jésus. À cette foi s'ajoute un autre point commun : la marque de l'exclusion ou du manque : social (maladie, misère), moral (règles d'impureté ou état de vie) ou politique (étranger). Ces états précaires entraînent la nécessaire expérience d'une traversée d'un statut indifférencié — quelqu'un de la foule, un « *nobody* » — à celui de sujet parlant, reconnu et envisagé, puis relevé. Cette traversée est souvent décrite comme une épreuve, une prise de risque face à des refus ou des rejets, même de la part de Jésus (il rejette la Cananéenne dans un premier mouvement d'agacement). Mais, ces personnes acquièrent le statut de croyant — et non plus de personnes faisant confiance à autrui — par l'attestation publique que Jésus donne à leur foi personnelle : va *ta* foi *t'a* sauvé. C'est un appel de sa part à reconnaître cette réalité de la foi primordiale, présente en chaque personne souhaitant vivre, malgré tout le poids de l'existence.

Agir au nom de Jésus

Mais ce que ces évangiles annoncent aussi clairement, c'est le refus sans ambiguïté de Jésus de tout élitisme entre les disciples et ceux qui ne sont pas appelés à rejoindre leur groupe. Marc décrit une situation où un homme expulse des démons au nom de Jésus et les disciples qui cherchent à l'en empêcher sous prétexte qu'« il ne [les] suit pas » (Mc 9, 33-40).

Dans ce processus d'obstruction, suivre les disciples deviendrait le préalable nécessaire qui supplanterait le nom même de Jésus. Une autorité fondée sur l'exclusion et l'interdit s'élève contre celle de Jésus qui, elle, appelle, autorise, discerne la foi d'autrui et fait advenir tout ce qui sert la vie.

À lire ces récits, rencontrer Jésus n'était pas si simple. Ils dessinent des traversées empreintes de désir fort et même de courage pour affronter l'obstacle de la foule ou des disciples : Bartimée, la femme hémorroïsse, les quatre compagnons du paralytique, la femme au parfum à Béthanie. Plus tard, dans les Actes des Apôtres, Corneille et les siens ne vaudront leur salut qu'à l'insistance de l'Esprit pour convaincre Pierre de ne pas rendre impur ce que Dieu a rendu pur et donc d'aller baptiser ces païens. Il y a bien ici, dans ces récits, l'esquisse d'une attitude en pleins et déliés de la part des disciples et l'indice qu'il y a déjà dans leurs schémas religieux un arrière-fond disponible pour générer de l'exclusion du pouvoir hiérarchique ainsi que des processus d'empêchement. Le conflit d'appartenance est imminent et les *outsiders* trouveront sur leur chemin des disciples zélés qui devront apprendre l'hospitalité.

Pourtant, il faut malgré tout revenir à cette absence d'appel de la part de Jésus, et se laisser encore étonner par ces personnages mineurs et par leur itinéraire qui, bien qu'exemplaires par certains aspects, ne rejoignent pas les disciples. La principale question concerne le choix de Jésus de ne pas appeler *tout le monde* à le suivre, même — et peut-être surtout — lorsqu'il discerne une foi qui sauve. Se constituer un groupe de disciples avec comme ultime finalité, une élite restreinte d'apôtres, n'était donc pas son but, en tous cas, pas le principal. Mais il faut en parallèle se laisser déranger par cette affirmation : « Celui qui aura quitté, à cause de mon nom, des maisons, des frères, des sœurs, un père, une mère, des enfants ou une terre, recevra le centuple, et il aura en héritage la vie éternelle » (Mt 19, 29). Qu'en est-il alors de tous ceux qui sont renvoyés à leurs maisons, frères, sœurs, père, mère, enfants, terre… ? N'auront-ils pas en héritage la vie éternelle ni de vocation propre dans le dessein de Dieu, dans l'économie du salut ? Que signifie « quitter quelque chose ou quelqu'un, à cause du nom de Jésus » et qu'est-ce que les disciples ont réellement laissé derrière eux ? Pierre continue d'accueillir dans *sa* maison de Capharnaüm où vit *sa* belle-mère, donc sa famille… Lui et les autres pécheurs retrouveront leur barque et leur métier après la mort de Jésus…

Un signe gratuit de la venue du Royaume

Il faut revenir sur le fait délicat que cette foi qui sauve ne débouche *jamais* sur l'appel explicite à la suivance, propre au disciple. Jésus renvoie à la vie ordinaire : « *Va* ! *Rentre* chez toi ! » Symétriquement, les évangiles ne décrivent *jamais* d'appel à devenir disciple en réponse à un acte de foi envers Jésus. Plus encore, ce retour au quotidien est un impératif catégorique auquel les personnes ne peuvent se dérober — seul Bartimée « désobéit » à Jésus en le suivant malgré l'injonction du « Va ! » (Mc 10, 43). Pourquoi ce retour au quotidien ? Peut-être est-ce une pierre d'attente en vue d'un appel explicite à la suivance comprise comme aboutissement d'un itinéraire accompli, c'est-à-dire un « Va, tu n'es pas encore prêt, tu reviendras plus tard ». Ou alors, est-ce un véritable envoi immédiat faisant fi de toute pédagogie ou initiation : « Va, tu es déjà prêt. » Ou encore, est-ce l'annonce de ce que sera le lot de chacun, l'expérience de l'absence : « Va et fais comme tu peux avec ce que tu viens de vivre. Invente… »

Chacun peut ici compléter sa propre liste, mais Jésus, sans équivoque, invite ces personnes à retrouver leur place, leur dignité là où ils étaient exclus et ainsi porter témoignage de cette expérience de salut, et ceci sans garantie ni service après-vente de sa part. Par ces renvois, Jésus sacralise aussi la vie ordinaire et sédentaire, celle d'ailleurs dont il est issu, lui qui passa près de trente ans dans l'anonymat de Nazareth, propédeutique à sa vie publique. La « foi qui sauve » ne peut donc être analysée en termes de pré-foi, de préparation ou de préalable à ce qui serait considéré comme l'aboutissement, l'appel du disciple. Elle ne peut pas non plus être entendue comme une « demi-foi », car elle possède intégralement ce caractère primordial et nécessaire du courage de vivre malgré tout, du désir d'être remis debout, sauvé. Elle est une catégorie de foi pleine et entière, sans ajout de la part de Jésus ou de ses disciples. Ce « Va, rentre chez toi » est définitif et totalement gratuit. C'est le signe mystérieux de la venue du Royaume, révélé aux humbles et aux petits. C'est tout le paradoxe de ces renvois qui sont comme autant de grains semés.

Pour être filles et fils et partager un même héritage…

Le problème est bien la manière dont Jésus choisit librement d'être entouré par cette nébuleuse constituée de foules, de compagnes et compagnons, de disciples et d'apôtres et comment il donne à chacun, de manière différente, un héritage commun à recevoir et à faire fructifier. Les évangiles montrent qu'un processus complexe de relations fraternelles s'élabore autour de sa personne, nécessitant des conversions et des ajustements, parfois sévères, dans le cercle de ceux qu'il a appelés à la suivance. Le principal écueil pour ce groupe d'appelés porte sur la cohabitation et le partage d'espace avec *les autres, ceux de l'extérieur*, avec la tentation de comprendre l'appel à la suivance comme un privilège ou un pouvoir — et non comme une responsabilité — qui fonderaient une autorité parallèle à celle de Jésus, une hiérarchie dans la fraternité, une primauté dans les droits à l'héritage.

La parabole des deux fils (Lc 15, 11-32) peut être relue dans cet axe. Jésus y questionne son auditoire sur ce que signifient être fils et être fidèle[8], en mettant en situation deux modalités d'identité filiale et fraternelle qui, sur un malentendu, en arrivent à s'opposer et à s'exclure. La première modalité, celle du plus jeune frère, est l'autonomie, l'éloignement et la dépense du capital. La seconde modalité, celle du frère aîné, est la sédentarité et la thésaurisation du bien. L'interprétation ecclésiale classique, qu'on retrouve par exemple chez saint Augustin, a souvent identifié le cadet aux *lapsi*, ceux qui se séparent de l'Église, et l'aîné aux communautés célébrantes afin de les inciter à être accueillantes, patientes et pardonnantes pour ces frères qui ne « marchent pas droit », qu'il convient d'aller chercher pour les réincorporer. Quitter la maison du Père[9] signifierait avoir une foi morte, perdue. Est-ce ce type de message que Jésus cherche à transmettre à ses disciples afin qu'ils soient ou bien des frères aînés accueillants ou bien des frères prodigues toujours confiants dans l'accueil qu'on offrira à leur retour, en cas d'erreur, de pas de côté ?

---

8. J.-L. BLAQUART, « Un malentendu significatif : qu'est-ce qu'être fidèle ? », dans *La parabole du fils prodigue*, *Graphè* 18, Uni. d'Artois, 2009, p. 201-210. L'auteur distingue trois traditions herméneutiques de cette parabole : historique (rapport avec le judaïsme), ecclésiale (rapport aux *lapsi*) et morale (rapport au péché). C'est la seconde qui retient ici notre attention.

9. Voir aussi l'approche psychanalytique de Françoise DOLTO, *L'Évangile au risque de la psychanalyse 2*, Éditions Universitaires, 1977 ; Points Seuil, 1980.

Est-ce bien une question d'accueil et de pardon ou plus fondamentalement une invite à croire de manière adulte, car ce que Jésus vise ici, ce n'est pas le patrimoine, mais le salut, la vie restaurée, la filiation sauvée par-delà la mort[10] ? La parabole permet de réfléchir à la fidélité et à la place du père à partir de ce qui sépare les deux fils : leur manière de recevoir un héritage commun. Pour l'aîné, la fidélité consiste à continuer de servir le père (ou son propre intérêt puisqu'il est maintenant propriétaire du reste du domaine) dans un état *presque identique* à celui d'avant l'héritage partagé ; *presque identique* puisqu'il refuse à présent d'entrer dans la joie filiale. Pour le cadet, hériter, dans un premier temps, consiste à se sentir autorisé à partir et à dépenser. En cela, il accède à la majorité, à l'âge adulte, il prend le risque de se tromper et donc de regretter. Mais lui aussi, tout comme son frère aîné, devra traverser l'épreuve du consentement à se reconnaître fils et à entrer dans la joie filiale.

Jésus révèle que l'échec fondamental se situe d'abord du côté du père qui ne sait comment être accueilli et reconnu pour ce qu'il est. Sa joie ne semble pas un bien suffisamment précieux. L'aîné lui reproche sa libéralité, ressentie comme une profonde injustice, et le plus jeune peine à lui faire confiance, à croire en sa bonté et en son pardon. Nous contemplons ici la figure d'un père dont l'inouï est de s'autoriser à lui-même la grâce, la liberté du don et identiquement de permettre à chacun de ses fils d'user gracieusement et librement de l'héritage, comme ils l'entendent. C'est la joie qui est

---

10. Voir A. FORTIN, *Comment vivre ? Naître à la suite de Jésus*, Médiaspaul, Paris, 2016.

l'héritage fondamental à partager, et c'est à ce partage que le père se montre fidèle : quoi que ses fils fassent ou deviennent, ils conservent intacte leur dignité de fils potentiellement joyeux.

Jésus invite ses disciples à considérer cet héritage et le visage révolutionnaire de ce père qui *donne son bien*, sans droit d'aînesse ni condition autre que la vérité et l'amour. Les disciples ne peuvent conserver l'image archaïque d'un père jaloux de ses propres fils, ni surtout d'une communauté fondée sur une telle théologie. C'est un Père nouveau, différent, qu'il vient annoncer, un Père qui accueille dans la joie ceux qui dépensent largement l'héritage avec les pauvres, et qui reviennent à lui, blessés et usés par ces rencontres, pour être réconciliés et entrer dans sa joie. Pour transmettre à leur tour l'héritage que Jésus leur confie, les disciples, mais aussi tous les autres sympathisants, devront suivre le chemin de compromission qu'il leur a enseigné, auprès des souffrances du monde jusqu'à ne plus manquer que du Père et de sa joie.

On peut aussi lire ici une mise en garde de Jésus sur la notion d'autorité de ceux qui ont charge de devenir disciple et/ou apôtre. Il subvertit la manière normale, prudente et légitime de faire fructifier un héritage et il propose une fructification par le risque, la dépense sans compter, la valeur ajoutée ne provenant que de la démesure et de la bonté du Père (cf. la parabole des talents).

Pour le Royaume

Lorsque Jésus appelle quelqu'un à le suivre dans le but de devenir son disciple, il montre une liberté totale et ne justifie jamais son choix qui peut même sembler arbitraire ou incompétent comme pour Judas. Cette liberté de Jésus met à l'épreuve ceux qui y sont confrontés : Pierre — tout pasteur qu'il est appelé à devenir — doit accepter de se faire laver les pieds en plein repas, sous peine de « ne pas avoir part avec Lui » (Jn 13, 10) ou doit consentir à ne pas savoir ce qu'il adviendra du disciple bien aimé (Jn 21, 15-19). Avant lui, Jean le Baptiste a dû aussi laisser convertir ses certitudes afin d'accepter de baptiser Jésus (Mt 3, 13-15), alors même qu'il pensait être lui-même destinataire de ce baptême. Même l'homme du pays des Géraséniens, guéri de sa légion de démons, n'est pas autorisé par Jésus à le suivre… Il ne suffit donc pas de vouloir suivre Jésus, encore faut-il consentir à la forme de son appel et ordonner le tout à la finalité de sa mission.

Ce mystère de la liberté de Jésus suit une logique paradoxale qui apparaît nettement dans le dernier repas de la Pâque. Seul un tout petit groupe d'hommes, les Douze/apôtres — avec le départ de Judas, le groupe se réduit à onze —, y est convié, alors que Jésus nous avait habitués à voir les choses en grand, notamment avec les multiplications de pains. De plus, après sa résurrection, le Christ enverra ces mêmes hommes en mission pour être ses témoins « jusqu'au bout de la terre » (Ac 1, 8) ou « à toutes les nations » (Lc 24, 47), pour « faire disciples toutes les nations, les baptisant… » (Mt 28, 19s). La dimension intime de ce dernier repas fonde deux éléments : ce qui est préalable à toute forme de suivance apostolique est une communauté fraternelle qui expérimente le soin du corps, en vue du difficile chemin qui s'ouvre et reste à accomplir ; c'est l'attestation d'une coresponsabilité portée par une partie du tout (les Douze/Onze, groupe faillible, symbolisant toutes les nations) au service de la multitude.

LA PASSION DE DIEU POUR CE QUI EST PERDU

Avec ces rencontres qui ne débouchent pas sur un appel à devenir disciple, Jésus oriente le regard vers un Dieu radicalement différent. Il cherche à (re)mettre des filles et fils en relation avec un Père paradoxal qui n'est passionné que par ce qui est perdu et qui ne marche pas droit. Ce Père n'a d'autre alternative pour rejoindre ces perdus de la vie que d'entrer dans une économie du don et de la perte : tout ce qui n'est pas donné gratuitement est perdu… Ce Père « reconnaît la possibilité de l'errance, l'exploration de frontières de la culture, là où pointe le chaos. Il accueille dans sa maison l'expérience de perte autrement que comme faire valoir de la norme incontestable et triomphante[11]. » Jésus invite à se déterminer face à ces deux manières d'être fils, frères et héritiers du Royaume. Ce récit rejoint ceux de l'Ancien

11. Voir P.-M. Beaude, « Paul et ceux qui ne marchent pas droit », dans *Identité et altérité. La norme en question ? Hommage à Pierre-Marie Beaude*, Cerf/Univ. Metz Paul Verlaine, Paris/Metz, 2010.

Testament où l'Alliance est un « don qui sépare[12] », qui suppose un exode, un deuil, une perte. Dans la tradition biblique, cela va jusqu'à perdre son nom à l'image de Dieu qui converse avec Moïse, sur le mont Horeb, et qui, à la question : « Quel est [ton] nom ? » ne répond que par la promesse d'une présence agissante : « Je suis qui je serais » (Ex 3, 13.14a) ou « Je suis le Dieu de tes pères, le Dieu d'Abraham, le Dieu d'Isaac et le Dieu de Jacob » (Ex 3, 6). Ce Dieu est celui de la promesse, qui peut rejoindre tous les exodes et libère de toutes les servitudes, car il montre le chemin en se libérant lui-même du risque d'une identité fixée par l'homme dans le marbre de ses mots et de ses concepts. « Je suis qui je serais » rejoint tout homme et s'intéresse à toute vocation. Jésus non plus ne s'attribue aucun titre. Il évoque indirectement, pour parler de lui, le « fils de l'humain/de l'homme » ou dit simplement « je suis »… Ces compagnons auxquels les évangélistes n'ont attribué aucun statut particulier et qui sont donc sur le plan littéraire des figures mineures, ni foule, ni disciples, ni apôtres, ni adversaires, ne sont finalement enfermés dans aucune identité propre et par là, acquièrent un statut ouvert universel. Ils offrent une réserve de ressources disponibles et essentielles aux figures majeures des récits.

Et, parce que ces modèles sont *tous* faillibles et incomplets (même les Douze qui mutent en Onze en cours de route), la figure emblématique *du* disciple idéal en est relativisée et nuancée. En fait, cette figure n'existe pas en tant que telle dans les évangiles, sauf peut-être dans l'évangile de Jean avec le « disciple bien-

12. *Ibid.*, p. 208.

aimé ». Il faut lui préférer *les* disciples ou mieux, l'être disciple qui ne prétend pas récapituler une seule et unique manière d'adhérer à Jésus, ou plutôt une seule manière d'être à sa suite. Pourtant, cette pluralité n'est pas ce qui a été mis en avant et la pensée commune s'est habituée à ne retenir que quatre groupes emblématiques répartis en cercles concentriques ou même en strates hiérarchiques : les ennemis, les foules, les disciples et les apôtres. Il faut donc saluer cet heureux processus rédactionnel qui laisse émerger quelques figures hors groupes (amis et parents de Jésus, rencontres ponctuelles…) qui n'entrent, sur le plan littéraire strict, dans aucun des quatre cercles. Ce sont ces figures mineures ou secondaires qui intéressent et informent notre question, car elles attestent qu'il existe bien un peuple de croyants ni indifférenciés comme la foule ni appelés auprès de Jésus comme les disciples/apôtres. Les récits indiquent que ces sympathisants ne peuvent être réduits à de simples sujets passifs d'un relèvement existentiel et, par-là, uniquement destinataires du Royaume et de ses signes. En les renvoyant avec autorité chez eux, Jésus scelle une autre forme d'itinéraire spirituel dont le lieu est la vie ordinaire et le moyen la sédentarité. C'est là, nous pensons, que la théologie peut trouver le terreau de la vocation ou de l'a-vocation de ceux que le magistère déterminera à partir de ce qu'ils ne sont pas : *ni* religieux *ni* clercs, c'est-à-dire les laïcs.

Le statut littéraire de ces personnages mineurs ne doit cependant pas être confondu ou corrélé à leur vocation, car ne pas appartenir au groupe des disciples ne signifie pas avoir une foi mineure ni une vocation moindre, inaccomplie ou ratée. Pour cette question de la vocation, ils sont d'une importance majeure. Cette nébuleuse disséminée et inclassable — parce qu'inclassée par les évangélistes — nous invite à creuser du côté de la genèse d'une fraternité nouvelle, hors classe et hors hiérarchie, autour de Jésus, pour le Père et pour son Royaume. Ce réseau — ou cette nébuleuse — est constitutif de la Bonne Nouvelle.

Chapitre III

LA VOCATION DES LAÏCS :
ÊTRE D'ABORD « FIDÈLES »

Le premier chapitre consacré à l'irruption de la sociologie religieuse dans le champ de la pastorale a permis de constater comment on est passé de la traditionnelle terminologie du *fidèle* à celle du *pratiquant*. Ce déplacement linguistique a entraîné une centration de la vie chrétienne des laïcs sur l'eucharistie, devenue dans l'esprit de beaucoup, un rite de vérification plus que du rassemblement. Le baptême se situe alors comme sacrement secondaire dans cette architecture nouvelle. Le chapitre 2, consacré à l'Écriture, nous a fait découvrir ou redécouvrir que, si Jésus demande à ses apôtres de « faire des disciples » à la fin de l'évangile de Matthieu, lui-même n'appelle pas tout le monde à le suivre et à devenir disciple. Il renvoie les foules et nombre de personnes en disant : « va, ta foi t'a sauvé ! ». Or cette injonction à « faire des disciples » ne peut se comprendre que dans le cadre plus large des Béatitudes, discours adressé aussi bien aux disciples qu'aux foules : c'est l'avènement du Règne et sa mise en œuvre qui sont le cœur de l'être disciple, cette mission concernant tous les compagnons de Jésus et dépasse largement le seul groupe des disciples[1].

Dans ce dernier chapitre, nous allons essayer de cerner où se situe le nœud de ce problème que semblent toujours poser à nos schémas et stéréotypes ces non-pratiquants pourtant « engagés[2] », qui désirent encore transmettre quelque chose de l'identité chrétienne ou de ses valeurs. Bien qu'au XXIe siècle, la marque de l'échelle des pratiques reste comme une cicatrice pastorale, nous pressentons que la solution se situe du côté de la terminologie du *fidèle laïc* et du rapport au baptême. Dans la partie 1, nous verrons, à partir de deux exemples de prises de paroles pastorales, une évolution dans la manière dont Joseph Ratzinger puis le pape François nomment ou pas « fidèles » certains croyants, en rapport à la pratique eucharistique. Il y a une évolution perceptible qui tend à rectifier la dérive amorcée avec l'enquête de Le Bras et Boulard. Dans la partie 2, nous chercherons à comprendre en quoi les recherches récentes de la théologie fondamentale sur la « foi qui sauve » peuvent aider à repenser autrement le statut des croyants qui ont pris de la distance avec l'Église. Nous pensons que le rétablissement de liens fraternels entre baptisés constitue un enjeu ecclésial majeur, mais c'est

---

1. À noter l'étonnante intuition d'Ignace de Loyola qui invite le retraitant en deuxième semaine des *Exercices spirituels*, à « considérer comment le Seigneur du monde entier choisit un si grand nombre de personnes, apôtres, disciples, etc., et les envoie dans le monde entier… » (an. 145). Ce tout petit « etc. » en dit long sur sa vision pastorale et ecclésiale.

2. Cf. l'enquête *Chrétiens engagés*, IPSOS-La Croix et Pèlerin, de février 2017.

à la théologie de réfléchir aux fondements des relations et des liens à tisser. Nous verrons ainsi en quoi le pape François ouvre des pistes nouvelles avec sa théologie de la foi populaire et sa figure d'Église polyédrique. Enfin, sur quelles bases imaginer une sortie de cette opposition artificielle et inutile entre pratiquants et non-pratiquants ? C'est à partir de la définition canonique de ce qu'est un fidèle laïque que nous pourrons refaire le lien entre l'évangile et la tradition.

LA FOI EST UN DROIT QUI NE SE MESURE PAS EN TAUX DE PRATIQUE

Depuis le début de cet essai, nous sommes confrontés à un écueil : il est impossible de se passer de la terminologie sociologique pour traiter la question de ces croyants qui ont rompu tout ou partie des liens avec l'Église. C'est une frustration d'autant plus grande que l'enjeu de cette réflexion est précisément de déconstruire cette approche par trop statistique du laïcat. Il reste difficile de nommer ces baptisés.

Comme nous l'avons vu, un des grands changements dans les années 30-70, fut l'introduction du vocabulaire de la sociologie quantitative dans le langage pastoral, et donc dans la pensée catholique — en tout cas française. Depuis, il est bien délicat de qualifier, et donc de penser, l'identité d'un baptisé non clerc et non religieux en dehors d'une référence à son attachement à l'Église, vérifié par le taux de pratique. Ce critère reste incontournable même dans les enquêtes prétendant présenter le catholicisme français sous un jour inédit. Sur le plan pastoral, la terminologie du *fidèle* et celle du *laïc* ne semblent plus recouvrir la réalité de ces baptisés qui n'ont plus une pratique cultuelle suffisante.

Le fondement canonique à vérifier

Gabriel Le Bras, en 1931, a puisé dans le Code de droit canonique de 1917 les « signes extérieurs permettant de supposer l'attachement aux dogmes et à la discipline de l'Église ». On pourrait imaginer qu'il soit parti d'une définition de ce qu'est un fidèle, mais le Code de 1917 n'en donne pas. Ce sont les critères des pastorales d'encadrement de l'époque qui ont servi à établir l'échelle des pratiques, et nous avons vu qu'ils correspondent d'assez prêt à la « vie parfaite » des religieux. Pourtant, une définition existe dans le canon 87 qui établit ceci :

> *Par le baptême*, l'homme devient dans l'Église du Christ une *personne avec tous les droits et les devoirs des chrétiens*, à moins que, en ce qui concerne les droits, un obstacle s'oppose au lien de la communion ecclésiastique, ou qu'une censure ait été portée par l'Église.

Le baptême est le seul socle à partir duquel le rapport de communion est envisagé. Cette référence au baptême et à la manière dont il est vécu n'est pensée par Le Bras et les pasteurs d'alors uniquement qu'en termes d'eucharistie et d'associations de fidèles. Ces deux points sont devenus l'« obstacle » à toute possibilité de « supposer » un attachement ecclésial considéré comme seule présomption de foi ou d'incroyance. C'est ainsi que l'on peut remarquer la manière surplombante dont Joseph Ratzinger, en 2001 (*Voici quel est notre Dieu*) établissait toujours un lien direct entre l'eucharistie et le statut des baptisés :

> Je ne suis pas opposé à ce que *des gens* qui, durant l'année, ne vont pas à l'église y aillent au moins la nuit de Noël [...] ; il peut encore s'agir d'une manière de se raccrocher de quelque façon à la bénédiction venant du sacré, à la lumière. Il faut qu'existent diverses manières d'approcher ou de participer ; et cette ouverture intérieure de l'Église est nécessaire.

Quand Joseph Ratzinger écrit « des gens » pour évoquer ces croyants, il ne faut pas y voir une erreur ou un lapsus, mais bien un choix théologique. Mais poursuivons avec le Code de droit canonique de 1983, qui, reprenant *Lumen gentium* (nº 31 a), définit ce qu'est un « fidèle » (can. 204) :

> Les fidèles du Christ sont ceux qui, en tant qu'incorporés au Christ *par le baptême*, sont constitués en peuple de Dieu et qui, pour cette raison, faits participants *à leur manière* à la fonction sacerdotale, prophétique et royale du Christ, sont appelés à exercer, chacun *selon sa condition propre*, la mission que Dieu a confiée à l'Église[3] pour qu'elle l'accomplisse dans le monde.

Le canon 208 ajoute : « Entre tous les fidèles, du fait de leur régénération dans le Christ, il existe quant à la dignité et à l'activité, une véritable égalité en vertu de laquelle tous coopèrent à l'édification du Corps du

---

3. C'est-à-dire « mission d'annoncer le royaume du Christ et de Dieu et de l'instaurer dans toutes les nations, formant de ce royaume le germe et le commencement sur la terre » (*LG* 5).

Christ, selon la condition et la fonction propres de chacun ».

Là encore, c'est toujours le seul baptême qui assure l'identité et la dignité chrétiennes, et pas plus que dans le Code de 1917, aucune référence n'est faite à la pratique eucharistique ou aux associations de laïcs. Les fidèles sont les héritiers d'un service, d'une responsabilité, directement rattachés au Christ, à ses fonctions et à sa mission pour le Royaume. Nous sentons bien à quel point l'expression de J. Ratzinger « se raccrocher à la bénédiction venant du sacré », pour évoquer « ces gens qui ne vont pas à l'église… » est en contradiction avec l'esprit du droit canonique.

Le virage du pape François : baptême et expressions multiples de la foi

Pourtant, il faut tenir que J. Ratzinger a semé un germe de tolérance pastorale vis-à-vis de « ces gens », en ouvrant timidement l'Église à leur présence épisodique. Le discours pastoral a continué de s'ouvrir avec le pape François, sans pour autant, comme nous allons le voir, perdre complètement la trace de certains stéréotypes. Il y a assurément un réel souci de réhabiliter tous les fidèles dans le cœur de l'Église, et ceci est le fait de sa théologie de la foi populaire héritée de son expérience de pasteur. Ceci apparaît nettement dès le début de l'exhortation apostolique *Evangelii gaudium* (n° 1) où il s'adresse de manière inclusive « aux fidèles chrétiens », « à chaque chrétien » (au n° 3). Dans la partie consacrée à la Nouvelle évangélisation (n° 14), nous voyons apparaître les nuances d'une terminologie exclusive selon le type de pastorale. La pastorale dite « ordinaire » s'adresse aux « fidèles »

> qui fréquentent régulièrement la Communauté et qui se rassemblent le jour du Seigneur pour se nourrir de sa Parole et du Pain de la vie éternelle. Il *faut aussi inclure* dans ce domaine [de la pastorale ordinaire] *les fidèles* qui conservent une foi catholique intense et sincère, en l'exprimant de diverses manières, bien qu'ils ne participent pas fréquemment au culte. Cette pastorale s'oriente vers la *croissance des croyants*, de telle sorte qu'ils répondent toujours mieux et par toute leur vie à l'amour de Dieu.

Nous constatons que là encore, la référence à la pratique eucharistique reste systématique et primordiale en regard du baptême. Cependant, le pape apporte une nouveauté en indiquant qu'une « foi catholique intense et sincère » peut être conservée, mais exprimée de « diverses manières ». Ce point est essentiel, comme nous le verrons plus tard, et nous sentons que nous avons (presque) quitté la recherche de signes extérieurs. Cependant, nous ne repérons aucun lien avec le royaume et la mission du Christ. Dans la suite du paragraphe, on constate que le pape n'utilise plus le terme « fidèle » lorsqu'il s'agit d'évoquer le domaine d'une autre pastorale (extra-ordinaire) :

> Des « *personnes baptisées qui pourtant ne vivent pas les exigences du baptême*[4] », qui n'ont pas une appartenance du cœur à l'Église et ne font plus l'expérience de la consolation de la foi. L'Église, en mère

4. Guillemets et italique dans le texte. Ici, le pape François cite Benoît XVI ; voir *EG* 14.

toujours attentive, s'engage pour qu'elles vivent une conversion qui leur restitue la joie de la foi et le désir de s'engager avec l'Évangile.

Les notions d'« exigences du baptême » et d'« appartenance de cœur à l'Église » sont introduites et mises en rapport avec la foi et l'Évangile. Pour cerner le sens de ces « exigences du baptême » et d'« appartenance de cœur », tournons-nous vers la constitution sur l'Église, *Lumen gentium*, du concile Vatican II (*LG* 14, 2) :

> L'incorporation à l'Église, cependant, n'assure pas le salut pour celui qui, faute de persévérer dans la charité, reste bien « de corps » au sein de l'Église, mais non « de cœur ». Tous les fils de l'Église doivent d'ailleurs se souvenir que la grandeur de leur condition doit être rapportée non à leurs mérites, mais à une grâce spéciale du Christ ; s'ils n'y correspondent pas par la pensée, la parole et l'action, ce n'est pas le salut qu'elle leur vaudra, mais un plus sévère jugement.

Quand le pape supprime le nom « fidèle », c'est que le salut de la personne est en jeu et concerne des aspects de son existence qui se situent au niveau du cœur et de la charité. Pour le Concile, pratiquer un peu ou beaucoup n'est pas une question. C'est le comportement, l'agir qui compte. Aussi, le pape clarifie dans ce paragraphe 14 le risque de confusion entre « pratiquer le culte » et « la vie dans la charité, le cœur ». Cette ouverture amorcée par le pape provient de sa culture d'Amérique latine où la piété populaire est encore vivante. Sa théologie du peuple (voir *Evangelii gaudium*, n°s 111s) consiste à « comprendre les diverses expressions de la vie chrétienne » à partir des différentes cultures des peuples. C'est là que Dieu se dit, non pas dans un modèle unique, mais dans d'innombrables visages. Le pape François réhabilite le *sensus fidei.* Le peuple de Dieu

> quand il croit ne se trompe pas, même s'il ne trouve pas les paroles pour exprimer sa foi » (119). « En vertu du baptême reçu, chaque membre du peuple de Dieu est devenu disciple missionnaire. Chaque baptisé, quels que soient sa fonction dans l'Église et le niveau d'instruction de sa foi, est un *sujet actif de l'évangélisation* [...]. On peut dire que « le peuple s'évangélise continuellement lui-même ». D'où l'importance particulière de la piété populaire.

Cette piété populaire, parce qu'elle est communautaire et donc inculturation de l'Évangile, n'a pas à être évangélisée. Elle est « force évangélisatrice », « manière légitime de vivre la foi » (*EG* 122-123). Mais par contraste, l'analyse du pape est sévère pour ces croyants (occidentaux) dont les demandes de rites ou la participation épisodique aux grands temps liturgiques ne sont toujours pas comprises comme « une foi reçue dans une culture et [qui] continue à se transmettre ». Parce qu'ils n'ont pas l'expression communautaire populaire des piétés de certaines sphères culturelles, leur propre fidélité n'est pas reçue comme foi. Le pape juge durement ces « cultures qui doivent être évangélisées de manière impérieuse », lorsqu'il traite des « défis de l'inculturation de la foi » (n°s 68 et 69) :

> Chaque culture et chaque groupe social a besoin de purification et de maturation. Dans le cas de culture populaire de populations catholiques, nous pouvons reconnaître certaines faiblesses qui doivent encore être guéries par l'Évangile : le machisme, l'alcoolisme, la violence conjugale domestique, *une faible participation à l'Eucharistie*, les croyances

fatalistes ou superstitieuses qui font recourir à la sorcellerie, etc.

La faible participation à l'eucharistie reste un mal de type moral que le pape François se risque à associer à des maux ou des pratiques qui nous semblent d'un tout autre ordre. Mais ceci ne doit pas oblitérer le virage pastoral important que constitue cette exhortation apostolique, notamment dans les passages consacrés à la nouvelle évangélisation où il nomme identiquement « fidèles » les pratiquants et ceux qui ont une pratique eucharistique peu fréquente. Il atteste qu'il existe « diverses manières[5] » d'exprimer une foi « catholique intense et sincère ». Nous allons voir maintenant comment la théologie fondamentale contemporaine étaye cette ouverture pastorale.

L'EXPRESSION DE FOI DE CEUX À QUI « ÇA NE PARLE PLUS »

Dans la première partie, nous avons repéré comment la sociologie quantitative a segmenté la population laïque, reléguant tous ceux qui ne pratiquent pas assez. Paradoxalement, c'est encore la sociologie, celle plus qualitative des années 80-90 et strictement non confes-

5. Il faut reconnaître ici le rapport positif avec la sociologie qui ne scinde plus la population catholique autour de l'unique critère de pratique, ce dernier étant pondéré par des notions autres (éthiques, politiques, sociales...). Cf. l'enquête *Chrétiens engagés*.

sionnelle, qui a ouvert un espace de parole à cette population autrement croyante, devenue transparente, muette, en lui donnant, pour la première fois de sa longue histoire, la possibilité de dire comment elle est croyante[6]. Mais pour l'institution et les laïcs en charge des pastorales du seuil ou de la première annonce, la corrélation du niveau de pratique et du degré estimé de la foi reste toujours prépondérante même s'ils sont tenus officiellement de ne pas instituer un « huitième sacrement », celui de la douane pastorale, selon une expression du pape François. Une première conséquence pastorale se situe au niveau de l'accès à certains sacrements ou rites, qui se vit plus comme un parcours de *méritocratie* et de justification que comme une initiation ou un engendrement spirituel. Dit autrement, il vaut mieux que les postulants n'effraient pas trop les acteurs pastoraux en se présentant trop naïvement à visage découvert sur le plan de leurs doutes et de leur éloignement institutionnel, car tout le monde n'a pas l'hospitalité que Jésus manifestait vis-à-vis des lépreux, pécheurs et autres fils prodigues… Ruser pour accéder à un sacrement me direz-vous ? N'oublions pas que nombre de guéris et relevés dans les évangiles ont dû crier, se faufiler dans la foule, escalader des toits pour traverser le rempart de ceux qui, pleins de bonnes intentions, entouraient et protégeaient Jésus.

Une seconde conséquence théologique est l'hypothèse d'une déconstruction de l'idée de la foi, car l'expérience de terrain montre que, pour beaucoup de chrétiens, ce crible du taux de pratique fonctionne comme un puissant anesthésiant qui empêche toute projection spiri-

6. Cf. J.-M. Donegani, « Les récits de vie ».

tuelle : parce que je ne pratique pas ou plus beaucoup, je considère que je n'ai pas ou plus la foi, que je ne suis pas ou plus digne d'être considéré comme faisant partie de l'Église. Cette forme de retrait ou d'autolimitation s'entend dans certains témoignages de nouveaux chercheurs de sens qui vont trouver ailleurs que dans l'Église des réponses à leur quête. La foi est devenue un tel objet précieux, rare et bien protégé des souillures de ceux « qui ne marchent pas droit » (Ga 2, 14) que bien des baptisés préfèrent ne plus la chercher ou la vivre dans l'Église. La sociologie joue ici son rôle d'investigation dont la théologie doit rendre compte à son niveau. Les enquêtes récentes menées autour des « nouveaux aventuriers de la spiritualité » ou « chrétiens engagés[7] » fournissent de précieux éléments à la théologie.

Il y a bien subsistance de formes de fidélités au catholicisme malgré de nouvelles formes de religiosités ou de sacré qui ont pris le relais (baptême républicain, pacs et mariage civil, par exemple). Pourquoi le christianisme est-il encore pertinent pour ces personnes ? Et pourquoi ces personnes qui demeurent silencieuses et absentes continuent-elles de prendre le risque d'exprimer leurs demandes de rite ou de sacrement face à une institution qui persiste, au moins dans les pratiques pastorales, à corréler la foi à la pratique ? Elles rompent leur silence à l'occasion des grands passages : baptême, deuil, mariage, avec quelquefois la première communion, la profession de foi et certains grands temps liturgiques, quitte à être jugées ou déboutées. Pourtant, et à cause de ce contexte pastoral, *toutes* ces demandes,

7. Cf. J.-F. BARBIER-BOUVET, *Les nouveaux aventuriers…*, *op. cit.*, et *Chrétiens engagés*, IPSOS-*La Croix* et *Pèlerin*.

quelle que soit leur expression, méritent d'être considérées comme des professions de foi. Elles pourraient aussi être reçues comme des signes d'une persévérance « de cœur » (*LG* 14) ou, tout au moins, comme ses prémices. L'évolution radicale de nos manières d'écouter ces demandes, des schémas internes qui commandent nos réponses, est une urgence qui implique une totale refondation de cette notion d'accueil qui laisse trop souvent ressentir que « l'homme important est celui qui ne se déplace pas. On vient à lui » (J. Daniel). Apprendre à être les hôtes pauvres, reçus dans ces histoires de foi ou de simple croyance en jachère, c'est devenir témoin du travail souterrain qui pousse ces parents à demander le baptême quand bien même ils n'envisagent pas (encore) une catéchèse par la suite, qui convainc ces fiancés de demander le sacrement du mariage alors même que leurs raisons officielles, conscientes, n'en sont qu'à des questions de fête ou de diplomatie familiale. En pastorale, une nécessaire mise à distance des analyses sociologiques de type quantitatif devient un enjeu important.

Quand la foi des laïcs était sous tutelle

Très tôt la société chrétienne s'est dépeinte selon la triade prêtres-diacres-laïcs dont on peut considérer que les prémices se situent dans la toute première communauté décrite dans le livre des Actes des apôtres. Au chapitre 6, nous voyons émerger une société qui se spécialise (6, 1-4) :

> En ces jours-là, comme le nombre des disciples augmentait, il y eut des murmures chez les Hellé-

> nistes contre les Hébreux. Dans le service quotidien, disaient-ils, on négligeait leurs veuves. Les Douze convoquèrent alors l'assemblée des disciples et leur dirent : « Il ne sied pas que nous délaissions la parole de Dieu pour servir aux tables. Cherchez plutôt parmi vous, frères, sept hommes de bonne réputation, remplis de l'Esprit et de sagesse, et nous les préposerons à cet office ; quant à nous, nous resterons assidus à la prière et au service de la parole. »

Cette distinction entre ministres/diacres et peuple ne se démentira plus, l'écart continuant de se creuser. À partir du Moyen Âge, la distinction est consommée juridiquement avec le décret de Gratien (voir plus haut) : aux uns la perfection de la vie spirituelle, aux autres, le charnel, la faiblesse. La foi des fidèles ni religieux ni clercs devait donc se vérifier à partir de critères objectivés par une appartenance explicite comprise comme ensemble de connaissances et de pratiques cultuelles. La médiation ecclésiastique était le seul vecteur incontournable et nécessaire. Ici, la conscience personnelle n'est pas même secondaire, car elle n'est pas pensable. L'instauration du baptême des bébés a accentué la dimension ecclésiale « innée » de la foi. Les notions de choix, de cheminement spirituel, de conscience personnelle ne disparaîtront pourtant jamais complètement, en témoigne le monde (parallèle) des mystiques dont les manifestations spirituelles sont logiquement suspectées quand elles ne sont pas tout simplement réprimées. C'est vraiment avec la Modernité que le sujet majeur naît et avec lui les notions d'expérience et d'autonomie, mais ce ne sera pas sans douleur ni crises ni recours au dogme comme ultime rempart contre de telles dérives d'émancipation individuelle[8]. C'est dans cette architecture ecclésiale où un statut autonome et adulte pour les laïcs, faute d'outils adaptés sans doute, est impensable que fait irruption la sociologie des religions et le concept de pratiquant utilisé dans la grande enquête de Le Bras et Boulard.

La théologie fondamentale et la « foi qui sauve »

Les théologiens ont, depuis, accompli un important travail sur la question de la foi et sur les processus anthropologiques qui la rendent possible. La notion de conscience croyante est devenue une réalité théologique incontournable pour comprendre la foi autrement que par la dimension d'un attachement au dogme et à la discipline de l'Église ou comme une accumulation de connaissances. L'acte de croire peut ainsi être compris comme un processus qui s'articule autour de deux grands états : 1) la conscience ou foi qui sauve — ou conscience croyante, foi élémentaire —, sorte de souche mère de toute autre forme de foi ; 2) sur cette souche, dans un second temps, une foi attestataire — ou ecclésiale, fiduciaire — peut venir se greffer.

---

8. Pierre Lathuilière, « L'intégrisme contre la théologie », dans *Théologie et vérité au défi de l'histoire, RSR 1910-2010*, Peeters, 2010.

La foi qui sauve

La foi qui sauve se définit comme la conversion personnelle du cœur à une vérité, pas nécessairement thématisée ou exprimée, qui ouvre à une confiance totale, inconditionnelle en la vie reçue (de Dieu), qui se manifeste dans un courage de vivre malgré tout, dans l'espérance. C'est « la couche la plus profonde et la plus riche en moi, où je me recueille, je l'appelle Dieu » (Etty Hillesum). C'est elle qui est évoquée, dévoilée dans les évangiles de guérison ou de relèvement des personnages secondaires qui osent aller vers Jésus en dernier recours puis entrer en sympathie avec lui. Pour les chrétiens, cela peut ressembler à une amitié, une attirance pour Jésus ou pour l'Église, ou un attachement aux valeurs humaines transmises. Cela peut déboucher sur un compagnonnage, une fidélité que l'on retrouve dans ce désir de transmettre ce quelque chose de l'identité croyante. Le désir de baptême, mais aussi certaines demandes de rites, peut signifier ecclésialement cette sympathie. La dimension ecclésiale peut ne jamais advenir, la foi qui sauve restant au stade de conscience croyante, qui se déploie dans une manière de vivre cohérente, humaine. Mais elle n'est pas à confondre avec ce que Karl Rahner nommait « chrétiens anonymes ». Ici, nous évoquons ceux qui se reconnaissent chrétiens, mais sans nécessairement entretenir des liens permanents ou réguliers avec l'Église.

Ce n'est qu'à partir de ce rapport amical, ce compagnonnage, que peut, éventuellement, advenir une forme de foi attestataire et testimoniale — attestataire, dans la mesure où cette foi s'expérimente et se déploie de telle sorte que la vie entière du croyant devient un témoignage et une participation explicite à la mission de Jésus ; testimoniale, quand cette foi se reçoit comme un appel plutôt explicite à entrer dans une dimension de responsabilité partagée par rapport à l'héritage reçu, à l'Évangile.

Mais ce processus qui greffe la foi ecclésiale sur la foi première n'honore intégralement la conscience croyante qu'à la seule condition d'être porté par une tradition d'Église qui accepte l'absolue gratuité du don de la foi par Dieu et ses conséquences, car « beaucoup de ceux que Dieu a, l'Église ne les a pas, et beaucoup de ceux que l'Église a, Dieu ne les a pas » (saint Augustin). Cela entraîne un renversement ecclésiologique aux conséquences pastorales nécessaires, car l'Église ici ne peut plus se contenter d'être uniquement accueillante, elle doit consentir à devenir hospitalière dans le sens où elle se retrouve autant hôte qu'hôtesse, sans territoire ou notion de cheptel à conserver ou conquérir. Ce processus ne doit pas être un cheval de Troie pastoral, une stratégie supplémentaire à l'arsenal d'encadrement devenu inopérant. Tel serait le cas s'il laissait insinuer que la greffe serait plus fructueuse ou importante que la souche. Il faut donc aller jusqu'à affirmer que la foi élémentaire est fondamentale et autosuffisante à l'image de ces personnes renvoyées chez elles par Jésus avec ce « Va, rentre chez toi, ta foi t'a sauvé » et à qui aucun autre appel supplémentaire n'est adressé. Nous devons tenir, dans une christologie et une économie du salut rigoureuses, qu'il ne manque rien à ces personnes, que tout leur est donné avec le baptême, même reçu enfant. Le passage de l'un à l'autre ne se mesure ni sur le plan quantitatif, ni surtout sur le plan qualitatif. En ce sens, la foi ecclésiale ou attestataire n'est pas « nécessaire » en tant que but à atteindre. Elle s'entend en termes de responsabilité et de crédibilité.

Cette théologie fondamentale est l'héritière de penseurs pour lesquels la conscience de chaque homme est le siège pour penser Dieu. L'homme fait une expérience originaire qui engage toute sa personne et qui se manifeste dans ses actes de liberté et de responsabilité. La connaissance que l'homme a de Dieu passe alors par tout ce qui l'entoure : « chercher et trouver Dieu en toutes choses », selon la formule d'Ignace de Loyola. L'homme est, dans ses propres limites et ses grandeurs et par son rapport à la création, la voie vers Dieu. C'est une espérance foncière en l'homme et en sa conscience qui fonde cette compréhension de la foi. L'existence peut alors se vivre avec un quelque chose de plus, une puissance qui nous dit que la vie est bonne et vaut d'être vécue malgré tout. Cependant, pour que cette orientation fondamentale pour la « vie bonne » devienne événement de conversion, expérience spirituelle, il faut l'intervention d'une culture et d'une tradition religieuses pour que la personne puisse comprendre et mettre des mots, entrer dans la filiation de ce Dieu-*père* et oser converser avec Lui. Il faut une grammaire spirituelle comme pour le jeune Samuel qui devra être aidé par Élie pour discerner que le simple appel de son prénom vient de Dieu : « Parle Seigneur, ton serviteur écoute » (1 Rois). Dans les récits évangéliques, nous avons vu que le passage de l'anonymat de la foule à la foi qui sauve se fait par une rencontre personnelle avec Jésus, mais cette rencontre est toujours médiatisée par un tiers qui peut être la foule, un groupe de quatre porteurs, ou un témoignage antérieur anonyme. Jésus ne fait pas irruption dans la vie des personnes, sans préalable — même la rencontre avec la Samaritaine au puits de Jacob atteste que la tradition biblique continue d'opérer comme ressource herméneutique (Jn 4). Jésus vient à leur rencontre par des médiations humaines, de la même manière qu'il n'échappe pas lui-même à l'inscription de sa vie dans une histoire, un lieu, une tradition, des Écritures. La foi première, celle *qui sauve*, ne se déclare pas *ex nihilo*, mais a besoin d'un lieu pour se révéler, se comprendre. Elle doit être accueillie et reconnue par des auditeurs, des témoins qui pourront être issus de l'Église institution, ou pas[9]. Cette foi a ce caractère de simplicité contemplée chez le centurion dont Jésus dira plein d'admiration que « pas même en Israël [il] n'a trouvé une telle foi » !

Foi qui sauve et foi attestataire

La question qui se présente par la suite, est la condition de possibilité, à deux versants, de cette foi qui sauve. En amont, elle ne tient qu'au témoignage de tiers qui ont parlé de Jésus et qui ont provoqué un sentiment de confiance en lui. Mais cette foi qui sauve a un immense pouvoir : celui de la liberté de se taire, de rester « lettre morte », et ainsi de ne pas offrir cette expérience à d'autres, en aval. Ce croyant peut décider de s'arrêter là où il a commencé. C'est pourquoi nous pensons que ces croyants qui désirent transmettre quelque chose de l'identité chrétienne, tout non pratiquants ou peu pratiquants qu'ils soient, sont déjà dans le processus de greffe ecclésiale. Les raisons qui motivent ce désir de transmission peuvent sembler déconcertantes, mais c'est le désir de transmettre qui est acte de foi. C'est un don qui doit

---

9. C'est un des enseignements importants de l'enquête *Les nouveaux aventuriers de la spiritualité.*

appeler à la chasteté des acteurs pastoraux : seul Dieu connaît le cœur, seul Jésus possède ce regard qui discerne en vérité l'épaisseur d'une vie. Pourtant, on peut supposer que nombre de personnes nourries et relevées par Jésus sont rentrées chez elles sans jamais raconter leur expérience. Or ces récits d'évangiles indiquent que certaines personnes n'en sont pas restées à leur expérience personnelle, toute salutaire fût-elle, mais qu'elles l'ont racontée, transmise. Leur expérience est passée du niveau individuel à celui communautaire, elle a été offerte à des tiers. La foi qui sauve a donné naissance à une foi qui témoigne, affirme, atteste que Jésus a une influence sur la vie des gens. Partager l'expérience opère une greffe qui ouvre l'expérience spirituelle personnelle à une dimension communautaire. Cette part de témoignage, « attestataire » ou « fiduciaire », a sa source dans la foi qui sauve, mais relève du groupe des disciples ou des apôtres qui la réceptionnent en tant que récit et la transmettent. C'est au niveau de ce reflux de témoignages que l'on comprend l'importance de cette foi greffée. C'est parce que ces personnes sont rentrées chez elles guéries et transfigurées, qu'elles ont été invitées à raconter leur rencontre avec Jésus, que leur foi de « seconde main[10] » est devenue *leur* foi personnelle. Elles ont parlé leur foi avec leurs propres mots, elles sont devenues un relais de la parole et de l'agir de Jésus. De leur témoignage dépend la mémoire de Jésus et sa transmission. C'est à ce titre qu'elles sont devenues son « disciple ». Sans elles, sans leur parole, Jésus est muet.

---

10. P. SEQUERI, *L'idée de la foi. Traité de théologie fondamentale*, Bayard, coll. Theologia, Paris, 2011.

Non pas une, mais des expressions de la foi ; non pas une, mais des manières de la vivre

La greffe sur la foi qui sauve ne donne donc pas nécessairement la même variété de fruits et ne peut être réduite à une pratique cultuelle ni aux seules médiations ecclésiales répertoriées (famille pratiquante, prêtres, équipe catéchuménale…). Il faut compter sur bien d'autres relais comme les cultures, les arts, les autres traditions religieuses, la Création… qui travaillent mystérieusement. Passer d'une *foi de seconde main* comme l'enfant qui a été baptisé bébé, à une *foi de première main* n'est donc pas à entendre comme un plus ou un mieux, mais comme un autrement qui engage une responsabilité d'héritiers d'un don à partager, à faire fructifier sans mesure. Est-ce pour autant la voie vers une foi militante et développée dans une pratique eucharistique et une appartenance institutionnelle explicites par opposition à l'image du levain dans la pâte qui procède par diffusion ? La bonne nouvelle est que les évangiles n'offrent aucune réponse type, mais bien plutôt un panel de formes d'appels et d'envois de la part de Jésus qui vont de l'injonction au silence à l'interpellation violente comme pour Saul sur le chemin de Damas. Parler ou se taire ? Rester chez soi ou prendre la route ? Demeurer compagnon ou intégrer le groupe des disciples ? La « bonne odeur du Christ » (2 Co 2, 15) se diffuse par des canaux bien plus larges que l'Église au sens strict et tout cela ne regarde que la créature et son Créateur dans le secret et le mystère de chaque vocation. L'élément commun et universel de cette foi qui ose se dire et se transmettre est le goût pour la vie qu'elle porte et communique.

Entre la foi qui sauve et la foi attestataire, il n'y a qu'un pas à franchir pour laisser entendre que la première caractériserait les baptisés peu pratiquants, alors que la seconde serait le signe d'une vie de foi intégrée et militante. Pourquoi pas ? Mais il faudrait dans ce cas considérer que Jésus favorise la foi qui sauve lorsqu'il invite à être levain dans la pâte, sel de la terre et grain qui pousse dans le secret ? Et que dire de tous ces « bénis du Père » qui le rencontrent à travers les prisonniers visités, les malades soignés cités dans le jugement dernier de l'évangile selon Matthieu ? Après avoir repéré un tournant pastoral dans la réunion au sein du même terme « fidèle » des pratiquants et de ceux qui ne fréquentent plus beaucoup l'Église, nous venons de voir qu'il n'est pas possible d'enfermer la foi dans une expression figée et monolithique. La foi est un processus relationnel que seul Dieu peut reconnaître en vérité. Mais la définition canonique de ce qu'est un « fidèle » du Christ, laïque ou pas, nous impose de revenir au cœur du débat : le rapport entre le baptême et l'eucharistie. C'est la mission pour le Royaume qui nous intéresse maintenant.

LA MISSION POUR LE ROYAUME DE CEUX QUI ONT QUITTÉ LE SÉRAIL

Le point de départ de notre réflexion se situait au niveau du problème posé à l'Église lorsque des baptisés qui se disent croyants tout en délaissant la pratique demandent pour eux-mêmes un rite ou un sacrement ou qu'ils affirment vouloir transmettre quelque chose de leur identité chrétienne. On les nomme maintenant les « chrétiens engagés[11] ». Des traces profondes d'anciens stéréotypes peuvent anesthésier nos réflexes pastoraux au point que ces demandes ne soient pas de bonnes nouvelles, mais plutôt la crainte d'un investissement à fonds perdu en termes de fréquentation ecclésiale. Il serait presque plus simple que ces personnes se contentent de leur simple conscience croyante et se satisfassent des rites que la société leur offre (baptêmes républicains, pacs ou mariage civil...). En dehors de souhaiter leur retour au bercail, ces chrétiens n'ont pas beaucoup intéressé les pasteurs ni les théologiens. Ce sont plutôt les sociologues et les médias qui se sont penchés sur eux et qui continuent de le faire, souvent d'ailleurs pour des raisons politiques. Longtemps, l'Église n'a trop su que faire d'eux et elle peine encore à recevoir leurs demandes positivement. Pourtant, ces 90 % de baptisés sont un enjeu vital pour elle et les résultats mitigés de la Nouvelle évangélisation indiquent qu'il est urgent de penser autrement le statut de ces fidèles.

La faible pratique cultuelle est un enjeu ecclésial

Tous les croyants ont besoin des structures ecclésiales pour leur propre salut à un moment ou à un autre de leur vie — communauté, sacrements, liturgie, enseignement. Réciproquement, l'Église a besoin de *tous* ses membres, tout comme dans une famille où chacun est essentiel, du

11. Voir enquête IPSOS-*La Croix* et *Pèlerin*, février 2017.

plus petit au plus âgé, du plus proche au plus éloigné. Il suffit qu'un seul manque à l'invitation pour que la fête soit marquée par son absence. Chacun contribue au sein de la famille tant humaine que religieuse.

Ces fidèles qui manquent sont une blessure pour la minorité qui reste

C'est cet aspect de fraternité et de responsabilité qui fait défaut aux chrétiens désinstitutionnalisés : ils n'apportent plus, ou pas assez, leur présence concrète à la famille. Cette dimension de l'absence est paradoxalement assez peu présente dans les propositions pastorales de type nouvelle évangélisation qui se concentrent sur l'accueil et le soin à apporter aux non-pratiquants, mais il est rarement fait état explicitement de la souffrance générée par cet éloignement et par le silence des chrétiens désinstitutionnalisés. L'Église vit comme une blessure la baisse du nombre des pratiquants, mais cela n'indique pas que les absents lui manquent ! Ceux qui ne s'agrègent pas à la Communauté sont cet autre pour lequel il y a impérativement lieu de manifester un intérêt totalement gratuit. En dehors de la peur de disparaître ou d'être réduite à une peau de chagrin, c'est peut-être dans cette expérience coûteuse de la totale gratuité qu'ils manquent à l'Église. Trop souvent, on perçoit la réaction de l'Église comme un reproche, et on reçoit ses propositions pastorales comme uniquement tournées vers la réintégration des non-pratiquants. Mais cet aspect statistique ne dit qu'une partie du problème.

Dire à l'autre qu'il nous manque et que son absence fait mal, simplement parce qu'il n'est pas là, sans justifier d'autre raison que le fait qu'on ait le désir de sa présence, c'est le propre de l'amour. Il faut beaucoup aimer pour ne plus rien avoir à perdre. C'est le sens de ce passage d'homélie du pape François[12] :

> Dans l'Évangile se trouve un beau passage qui nous parle du pasteur qui, quand il revient à la bergerie, se rend compte qu'il manque une brebis, laisse les 99 autres et va la chercher, va en chercher une. Mais nous, frères et sœurs, nous en avons une : *il nous manque les 99 autres* ! Nous *devons sortir, nous devons aller vers elles* ! Dans cette culture — disons-nous la vérité ! —, nous n'en avons qu'une, *nous sommes une minorité* ! Et nous, sentons-nous la ferveur, le zèle apostolique d'aller et de sortir, et de trouver les 99 autres ? Il s'agit d'une grande responsabilité et nous devons demander au Seigneur la grâce de la générosité et le courage et la patience pour sortir, pour sortir *annoncer l'Évangile*. Ah, cela est difficile. Il est plus facile de rester à la maison, avec cette unique brebis ! Cela est plus facile avec cette brebis, la peigner, la caresser… mais nous les prêtres, vous aussi chrétiens, nous tous : le Seigneur veut que nous soyons des pasteurs, pas des coiffeurs de brebis ; des pasteurs ! Et quand une communauté est fermée, toujours avec les mêmes personnes qui parlent, cette communauté n'est pas une communauté qui donne vie. C'est une communauté stérile, elle n'est pas féconde. La fécondité de l'Évangile vient par la grâce de Jésus Christ, mais à travers nous, notre prédication, notre courage, notre patience.

---

12. Citation du discours du pape François aux participants au congrès ecclésial du diocèse de Rome, www.vatican.va/holy_father/francesco/speeches/2013/june/documents/papa-francesco_20130617_convegno-diocesano-roma_fr. html consulté le 16-09-2013.

Il exprime bien ici, sans qu'aucun jugement de valeur ne soit porté sur l'absence des 99 brebis, le manque, la souffrance qu'elles provoquent *dans* la communauté : « elles *nous* manquent ». Elles révèlent à la communauté sa vulnérabilité et la questionnent sur son sens. Le pape n'invite pas à la rumination ni à la tentation de ramener au bercail ces brebis et il ne dit pas qu'elles sont « perdues ». Il invite à les rejoindre, à en prendre soin, là où elles sont. C'est à l'Église de s'adapter et de sortir de ses murs. Le vocabulaire des années 70 est obsolète. Parler de non-pratiquant n'a plus guère de sens pour les croyants, d'ailleurs la sociologie parle de « conciliaires », d'« inspirés », d'« émancipés » pour mieux rendre compte de l'attachement à l'Église, ou de « chercheurs de sens » pour signifier la vie spirituelle des personnes. C'est sur la base de cette réalité de recherche de sens ou d'engagement que le pape ouvre des perspectives missionnaires. Il prend acte du renversement du processus d'initiation chrétienne qui ne se fait plus par immersion dans le « bain ecclésial », ce dernier n'étant une réalité vécue que par une minorité de chrétiens. Les 99 brebis cherchent dans des lieux non ecclésiaux ou para-ecclésiaux et lorsqu'elles se tournent vers la communauté, c'est pour y faire confirmer un cheminement commencé ailleurs. La fécondité missionnaire se mesure en capacité de sortir et de tisser des liens gratuits. *La lettre aux catholiques de France*[13] est à compter comme une balise dans cette réception de la désinstitutionnalisation, puisqu'elle ne s'est pas située comme un « traité sur l'évangélisation en France », mais

13. « Proposer la foi dans la société actuelle », rapport rédigé par Mgr Claude DAGENS pour la Conférence des évêques de France, Lourdes, novembre 1996.

comme un « appel adressé à tout le peuple des baptisés en vue de partager plus largement et d'annoncer avec assurance la foi qui nous anime ». Il faut arriver à admettre que tous ne deviennent pas disciples ou apôtres (Chr. Theobald) — sans pour autant, ajouterons-nous, les exclure, car, fondamentalement, si la foi attestataire se greffe sur la conscience croyante, c'est en celle-ci que repose l'avenir de l'Église. Préserver, nourrir, accompagner cette foi première est une question vitale.

Ce qui peut manquer à ces fidèles éloignés

Bien sûr, il faut déconstruire ces stéréotypes pratiquants/non-pratiquants, mais il y a bien plus que cela. L'expérience ordinaire nous montre que ces chercheurs de sens, ces 99 brebis sont la masse immergée de l'Église. Or, comme pour un iceberg, la flottaison de l'ensemble est proportionnelle à la masse immergée. Plus celle-ci est volumineuse, plus l'iceberg est stable et pérenne. Le rapport entre l'Église visible et l'Église cachée ou disséminée n'est pas un rapport d'opposition, mais de complémentarité, de dynamisme. Nous pensons que le manque ne se situe pas uniquement pour l'Église « interne » ou visible. Il se situe aussi chez les fidèles absents aussi, car, comme pour les personnages des évangiles étudiés plus haut, la foi qui sauve et le baptême ne sont pas des objectifs à atteindre, des « fins en soi », mais des commencements. Ils n'ont de sens qu'à la condition de transmettre à leur tour la vie reçue, d'aider les autres hommes à vivre et à mieux vivre. Le monde doit pouvoir en tirer profit.

La mission des fidèles intégrés dans l'Église, est d'aller marcher à côté de ces baptisés qui, comme les témoins d'Emmaüs, traversent la vie quotidienne sans y faire naturellement le lien entre amour, éthique et Évangile. Ce lien n'est pas fait, souvent faute de mots, de pédagogie, de « passeurs ». « De quoi parliez-vous donc ? », leur demande cet étranger qui les rejoint et qui se révélera être le Christ (Lc 24, 13-35). Contempler, prêter l'oreille, donner des mots, c'est là la responsabilité de ceux qui se sentent appelés à suivre le chemin des disciples. Nous pensons que ce qui manque à ces baptisés hors-pistes, éloignés des communautés, c'est cet espace gratuit de parole, de mise en récit : « Raconte-moi comment tu es participant du Royaume de Dieu dans ta vie familiale, citoyenne, sociale, professionnelle… et je t'aiderai à y discerner les fruits de ton baptême. » Ce qui manque à ces croyants c'est d'être reconnus dans leur fidélité toute paradoxale et déconcertante, de s'entendre appeler « fidèles ».

Mais cette reconnaissance n'est pas politique ou fraternelle au sens d'une marque de gentillesse à leur égard. Cette reconnaissance est le premier acte d'un nouveau rapport apostolique de ce corps du Christ disséminé dans le monde, comme un levain. Ces fidèles n'expriment pas leur foi comme nous le souhaiterions, pourtant très souvent, leur vie est apostolique et reste sécularisée, comme Monsieur Jourdain faisant de la prose sans le savoir. L'Église doit trouver des occasions de solliciter explicitement toutes ces compétences, ces goûts et ces désirs, non pas pour ses propres besoins internes, mais pour développer le « sacrement » qu'elle est dans le monde. Et elle doit être vigilante à la manière dont elle sollicite ce corps invisible pour des questions de société… les manifestations à l'occasion du « Mariage pour tous » ont ouvert un champ de récupération politique que les médias font fructifier à l'envie. Le corps « utile » de l'Église s'étend à travers la vie selon les béatitudes de chaque baptisé qui porte, explicitement ou pas, la « mission de l'Église », en tant que telle. Ils sont des membres de ce corps, certes discrets, invisibles, silencieux dans les assemblées, mais quel corps a la prétention de pouvoir tenir dans ses deux mains ni de voir de ses yeux toutes les parties qui le constituent ? Ces baptisés sont à recevoir comme une forme de genèse ecclésiale, dans un processus de dissémination (ou dilatation, *LG* 13) dont on lit les prémices dans ces récits d'évangiles étudiés dans la partie précédente. Dans ce sens nous rejoignons l'intuition puissante de Karl Rahner qui refusait les visions manichéennes du monde actuel et qui fut un précurseur pour penser la situation du chrétien en diaspora « sous le signe d'une "nécessité inhérente à l'Histoire du Salut[14]" ». Il y a des situations qui existent, qui ont une valeur parce qu'elles sont là : « Et Jésus leur [les témoins sur la route d'Emmaüs] dit : ne fallait-il pas que le Christ souffrît cela et qu'il entrât dans sa gloire ? » (Lc 24, 25).

Cette diaspora entraîne un « devoir être » au chrétien, une responsabilité qui n'est en rien une utopie ou un déni de réalité :

> Il nous faut donc [...] affirmer que la situation de diaspora constitue aujourd'hui pour nous une nécessité de ce genre. Autrement dit, loin de nous contenter de constater ce fait et d'en gémir, nous pouvons y reconnaître une « nécessité » (qui n'a rien d'une obligation), et en tirer sereinement les conséquences (p. 25.)

---

14. Karl Rahner, *Mission et grâce. I : xxe siècle, siècle de grâce ?*, Mame, 1962, p. 21.

Cette thèse a créé un antécédent pour la théologie contemporaine qui s'est montrée capable, notamment au concile Vatican II, de ne plus situer systématiquement le christianisme comme un « contre » la société, mais plutôt comme un « dedans malgré tout », acceptant, consentant à participer de l'intérieur au mouvement du monde.

Le monde a besoin de l'Église-peuple de Dieu pour son accès au salut. La question de la transmission de l'Évangile se pose dans les mêmes termes que la préservation de la Terre pour les générations futures : qui va prendre le relais ? La parabole du Prodigue nous éclaire sur le fait que ce n'est pas le souvenir du frère aîné qui suscite le désir de la rencontre. D'ailleurs rien n'indique que cet aîné ait souffert de l'absence de son cadet ni compris le manque ressenti pour le père. Les deux frères ne se sont pas manqué, semble-t-il. La communion, avant d'être une question de fraternité, est primordialement un déficit de filiation et concerne en premier lieu l'engendrement du Père. La pratique cultuelle est une question théologique d'ordre baptismal. Dieu se communique par ses fils et filles qui reprennent à leur compte la mission du Christ. Vivre l'eucharistie c'est d'abord dire quelque chose de son baptême et de son statut de fille ou fils adoptif. C'est l'articulation de ces deux sacrements qui est à repenser.

Arbitres des frontières

Le concile Vatican II a repris la proposition de K. Rahner sur la situation de diaspora, en proposant une relation plus positive entre le christianisme et le monde. La médiation des fidèles laïcs y est essentielle, qu'ils soient pratiquants ou pratiquants résiduels, car le monde est un lieu théologique où la foi a nécessairement un caractère social[15] qui ne relève pas et ne peut pas relever *que* des seuls pratiquants. Ce christianisme enfoui ou peut visible institutionnellement, mais que les nouvelles approches sociologiques évaluent de mieux en mieux, permet de comprendre la prétention universelle et gratuite de l'Église dans la mesure où la figure du petit, du mineur, du pauvre est essentielle, jusque dans cette faible pratique, parce qu'elle « compromet la prétention universaliste et multitudiniste du groupe majeur ». Ces croyants des périphéries ecclésiales sont devenus les arbitres des frontières. Encore chrétiens, complètement sécularisés, c'est à eux que revient en grande partie — qu'on le veuille ou non — la décision de diffuser ou pas les valeurs chrétiennes dans la société[16]. C'est également à partir de leur expérience que l'Église peut aussi recevoir et rencontrer les valeurs du monde. Un Observatoire des nouvelles croyances a été créé pour étudier ces nouveaux courants religieux, mais n'oublions pas que derrière cette bonne volonté, la question est rattachée institutionnellement au Conseil épiscopal pour les relations *interreligieuses.* Les baptisés désinstitutionnalisés sont assimilés à un nouveau courant religieux, hors catholicisme...

Cette question suppose une clarification du rapport de l'Église avec le monde et surtout de la réception qu'elle fait du travail d'évangélisation des laïcs dans la

---

15. Alain Thomasset et Bertrand Cassaigne, *Quand la foi est sociale. Analyse de récits de chrétiens engagés*, Bayard, Paris, 2013.

16. Les médias ne s'y trompent pas et puisent dans cette population nombre d'indicateurs politiques.

société. Levain dans la pâte humaine, sociale, culturelle, ils irriguent le monde à la manière de ces graines qui poussent au milieu de l'ivraie sans qu'on sache comment. Une des tâches de la théologie est de comprendre ce processus de fructification, de croissance du Règne. Le Concile a contemplé cette vocation comme une bénédiction, une bonne nouvelle pour le monde. L'inculturation du christianisme et la récupération de ses valeurs sont-elles cependant toujours perçues comme des signes positifs ? Sont-elles d'ailleurs des signes positifs lorsqu'on constate la récupération politique qui en est faite ? La rencontre est donc le lieu de la communion fraternelle, lieu de joie mais aussi d'épreuve. Combien d'animateurs de catéchuménat se demandent où sont passés les jeunes baptisés ? Ces disparitions sont vécues comme des échecs qui instillent le doute. Pourra-t-on un jour dire à ces jeunes baptisés : « Va, prends ton baptême et rentre chez toi. Ta foi t'a sauvé » ? Les faibles pratiquants sont un lieu théologique et pastoral à repenser en profondeur, en dehors de tout ecclésiocentrisme :

> Il est important que l'ensemble des chrétiens ait l'habitude de faire le lien entre la présence à la société et le chemin spirituel (et réciproquement), sans placage des mots de la Bible, pour en faire un chemin de « Révélation ». L'enjeu est important pour l'Église : ne pas cantonner la découverte du sens d'une traversée, d'un combat de vie et de mort, d'une Bonne nouvelle qui se vit dans des lieux très concrets, ne pas la cantonner dans une chapelle, la chapelle de « ceux qui sont engagés ». Mais cette révélation est valable pour tous. (B. Cassaigne.)

Nous avons vu que les prémices d'une communauté tiraillée entre l'exclusif et l'inclusif sont déjà dans le marbre des évangiles. Faut-il appartenir au groupe des disciples pour être « du nom » de Jésus ? Nous, les « laïcs » — sorte d'élite militante ou de substitut clérical ou religieux —, nous avons placidement intégré l'idée que certaines catégories de baptisés sont de plus authentiques croyants que d'autres et admis que notre foi et notre obéissance ecclésiale soient toujours « supposées » relativement à des valeurs statistiques. Pratiquer Jésus selon l'autre norme que sont les Béatitudes est une réalité secondaire lorsqu'il s'agit de notre statut de baptisés.

Enfin, ce qui manquerait à ces fidèles, ce serait le sens de l'eucharistie…

Faut-il protéger les sacrements de ces croyants pas assez pratiquants ?

Comme nous l'avons évoqué plus haut, Jésus n'a partagé son dernier repas qu'avec le petit groupe de ses apôtres. Pourtant, c'est pour le service de la multitude que ce repas fut célébré. Le pain et le vin apportés à chaque eucharistie ne sont pas ceux des membres présents, ils sont le fruit et le travail de tous les hommes. Les 5 ou 10 % de fidèles présents sont les témoins, les représentants officiels de tous les absents, exactement comme Jésus l'a décidé avec les Douze. Quelques-uns célébrèrent pour la multitude, d'autres se laissèrent laver les pieds pour devenir la caisse de résonance de tout ce qui se vit à l'extérieur du Cénacle. Lorsqu'ils participent à l'eucharistie, les fidèles sont pleinement dans leur fonction sacerdotale et vicariale : ils offrent et consacrent ceux qui ne sont pas là et leur travail. C'est leur manière de laver les pieds sacramentellement, au monde.

Les sacrements et les demandes ponctuelles

Si l'on revient aux expériences pastorales de funérailles, baptêmes et autres, ces personnes qui viennent formuler des demandes manquent-elles de persévérance dans la charité et mettent-elles leur salut en cause en ne se réintégrant pas ? La faible pratique est-elle un manque de persévérance de la charité et cela a-t-il un lien de cause à effet sur l'efficacité des sacrements demandés ? Selon le Concile, la charité envers Dieu et envers le prochain est la marque du véritable disciple du Christ (*LG* 42). Ces demandeurs de la dernière heure sont-ils *infidèles* (*LG* 28) et mettent-ils la communion de l'Église en péril ? On peut, ici, relever la fidélité paradoxale de ces chrétiens, voire leur entêtement, à demeurer attachés à une forme de sacré dans la durée de leur vie, à tel point qu'ils réclament parfois comme un droit ces rites un peu à la manière de la Cananéenne ou de Bartimée. Ces personnes persévèrent à croire en l'Église et s'adressent à elle comme à la seule interlocutrice autorisée à cette mission. Elles ne bricolent pas quand il s'agit des grandes étapes de la vie. C'est la raison pour laquelle tout refus ou ajournement de sacrement peut être une profonde blessure.

Ceci pose la question des sacrements qu'il faudrait « protéger » de demandeurs perçus comme des « consommateurs ». Si tel était le cas, pourrait-on encore parler de sacrements ? Comme nous l'avons vu plus haut, ce qui est aussi en jeu, c'est l'idée même d'un Dieu impuissant et incapable, dépendant du jugement et des décisions de pasteurs et d'agents pastoraux en attente de justifications et de preuves. Si l'Église n'est pas une « fabrique » à sacrements mais une famille qui rend possible la mise en relation de tous les enfants avec le Père, alors chacun doit pouvoir croire et espérer pouvoir y être accueilli comme tel et pouvoir prendre part à la mise en œuvre du sacrement pour en devenir l'un des artisans, dans l'itinéraire d'une existence. C'est dans ce partage des responsabilités que peut s'enraciner le sens de la communion, mais nous pressentons bien que cela nécessite une éducation à tous les niveaux de l'Église. L'eucharistie, par une approche pastorale trop sociologique, est devenue problématique au sens où elle ne semble plus rassembler mais distinguer les croyants entre eux. Être pratiquant ou intégré ne constitue en aucun cas une vocation, une finalité ni même un signe de vitalité spirituelle évangélique. Tous ne furent pas appelés à devenir disciples et tous ne furent pas conviés au dernier repas de Jésus. Nous devons prendre conscience qu'il a été instauré dans l'Église, et pour des raisons valables sans doute dans leur contexte, des spécialisations et des hiérarchies, mais nous devons assumer que notre vocation est fondée dans une suite du Christ, qu'elle est tout aussi radicale et exigeante que d'autres vocations, mais de manière bien différente et avec d'autres contraintes.

Bref, nous devons choisir d'être laïcs par vocation et témoigner du caractère spécifique et autonome de cette vocation pour devenir adultes dans l'Église et c'est à nous, en priorité, que revient la responsabilité ecclésiale de veiller à ce que chaque baptisé laïc soit respecté, par-delà les critères statistiques. Genèse 4 résonne au loin et nous alerte : « Où est ton frère Abel… Qu'as-tu fait… ? »

Nous, les laïcs intégrés — dévots et autres pratiquants —, nous ne devons jamais répondre comme Caïn : « Suis-je le gardien de mon frère ? » Nous ne devons pas accepter que le traitement sociologique de la pratique cultuelle de notre état de vie continue de fabriquer des baptisés de seconde zone et de susciter des stéréotypes. Et nous constatons que, même si la méthodologie de la dernière enquête « Chrétiens engagés » s'attache à l'engagement des sondés, l'axe horizontal de l'analyse demeure le taux de pratique eucharistique et les catégories sensiblement identiques à celles de l'enquête des années 30…

Depuis son origine, le christianisme s'est constitué sur le principe de l'altérité : Juifs, païens, Grecs… La Pentecôte comme anti-Babel fonde évangéliquement le refus de l'uniformité et de la langue unique. Être catholique est à ce prix. Les laïcs constituent à leur manière, et depuis Ac 6, une « altérité interne[17] » à l'Église, et ceux qui sont éloignés, désinstitutionnalisés, cristallisent le degré maximum de cette altérité au point qu'elle n'est souvent plus pensée comme « Église », mais comme périphérie. Ils sont la forme moderne des veuves des Hébreux qui pèsent et obligent à un discernement. Ces fidèles éloignés constituent une réalité ecclésiale. Ils sont le signe qu'« en christianisme, l'altérité est perçue au cœur de ce qui définit la foi » et que cette altérité intérieure lui est constitutive.

---

17. Sur le plan historique, le milieu de naissance du christianisme — monde juif, arrivée de païens, puis pensée grecque — démontre qu'il y a eu autorisation d'accueil de cette altérité intérieure. J.-L. BLAQUARD parle d'une « passion [chrétienne] pour l'altérité » (cf. « L'altérité intérieure ou le christianisme à distance de soi », dans *Identité et altérité*, p. 209-221).

Pour une théologie du baptême renouvelée

La réhabilitation du sacrement du baptême est une urgence pour croire à nouveau à cette force donnée gratuitement et au don des charismes par l'Esprit qui fait que chaque baptisé est une bénédiction et un membre « utile » au corps selon l'ecclésiologie paulinienne de 1 Co 12, 15s : « L'œil ne peut donc dire à la main : "Je n'ai pas besoin de toi", ni la tête à son tour dire aux pieds : "Je n'ai pas besoin de vous". » L'autre urgence est de réfléchir à la réception de ce sacrement. Ce travail de réception ne peut pas se faire sans que chaque baptisé puisse s'exprimer en son propre nom et que cesse cette habitude ecclésiale où quelques-uns parlent à la place de la majorité ou plutôt parlent *sur* la foi de la majorité. Il y a tout un travail de formulation à élaborer à ce sujet. Avec la notion de « polyèdre », le pape François nous offre un outil nouveau pour ce travail de décentrement, de désappropriation qui pourrait permettre à l'Église d'inventer un autre rapport normatif aux modèles de « vie parfaite » qu'elle a élaborés au cours de son histoire sainte. La vocation des fidèles laïcs représente une altérité, jusque dans ses manifestations les plus distanciées (en dehors de l'athéisme assumé et des reniements de baptême) et qu'il y ait des baptisés disséminés aux frontières liturgiques et cultuelles peut être compris comme une chance, une ouverture interne offerte par l'Église. Ils sont la garantie que l'eucharistie célébrée par une communauté bienheureusement fragile et précaire porte et consacre le baptême de chacun. L'Église est vivante parce que cette altérité lui importe, lui est essentielle et que d'aimer ces enfants en rupture de ban, et se faire aimer d'eux, la rend sainte comme le Père est saint. « Viens, suis-moi ! » et « Prends ton brancard et rentre chez toi, ta foi t'a sauvé ! » doivent résonner à nos oreilles en stéréo. Comme nous l'avons vu précédemment, Jésus fut en butte avec ses disciples sur la question de l'appartenance au groupe des disciples comme préalable à la pratique d'acte de guérison. Il ne laisse pas s'installer au sein du groupe des disciples cette tentation. Être dedans ou dehors n'est pas la question.

L'essentiel est dans la manière de recevoir et de faire fructifier l'héritage afin d'entrer dans la joie du Père. Jusqu'à quand refusera-t-on d'entendre ces demandes ou ces participations pour ce qu'elles sont et prétendra-t-on savoir la vérité sur ce dont il s'agit ? « Entende qui a des oreilles pour entendre » (Lc 8, 8). Ces croyants qui osent braver le seuil des paroisses *ne doivent pas* être considérés en Église comme des bricoleurs et encore moins comme des « raccrocheurs de bénédiction provenant du sacré » (J. Ratzinger, voir ci-dessus). Il y a lieu de se réjouir de la ténacité de ces croyants qui sauve les sacrements et les rites de toutes formes de rentabilité, pire, de la tentation de dresser des douanes ou de protections qui pourraient laisser croire qu'ils ne sont destinés qu'aux gens en règle, parfaitement convertis et initiés. Dès lors qu'un sacrement, qu'un rite devra faire l'objet d'une barrière, d'un coffre-fort pour éviter d'être souillé, volé, il deviendra aussi scandaleux que cette hostie acheminée auprès des troupes allemandes sur un des fronts de la Première Guerre mondiale, dans un fourgon en acier trempé (cf. M. Drury, *Conversation avec Wittgenstein*). Étonnante custode pour la présence réelle d'un Dieu crucifié… L'Église serait-elle offensée quand elle est convoquée, voire exigée maladroitement, par ces croyants qui ne sont jamais que ses propres enfants ?

Conclusion

LES NON-PRATIQUANTS SONT-ILS UNE QUESTION THÉOLOGIQUE ?

Fallait-il rédiger un essai, à la suite d'un mémoire de deuxième cycle, sur les « non-pratiquants » ? La réponse que j'ai entendue de la part de laïcs intégrés ou de clercs ou religieux a souvent été négative : perte de temps ! J'en déduis même qu'il est plus correct ou respectable de réfléchir à l'athéisme ou aux autres traditions religieuses qu'à cette part honteuse de nous-mêmes.

Pourtant, parler de ces croyants revient à aborder le dossier du laïcat par sa face la plus abrupte et ingrate. Cela revient aussi à relire l'histoire des modèles de manière moins univoque, car l'histoire de l'Église montre bien qu'il y a eu fabrique d'élites chez les laïcs avec des conséquences ecclésiales qui engagent la communion et l'unité. Or le rapport utilitariste mis en place dans les années 30-70 entre la sociologie quantitative et la pastorale interdit de n'imputer la responsabilité du délitement du peuple de Dieu qu'à la société ou aux non-pratiquants.

Nous avons vu aussi que dans les évangiles le modèle exemplaire du disciple n'épuise pas les différentes manières de suivre et de pratiquer Jésus. Aussi serait-il manichéen de réduire cette pratique de Jésus à le suivre *ou* à ne pas le suivre. Jésus offre plusieurs voies : le suivre *et* ne pas le suivre, conformément à l'injonction : « Va, rentre chez toi, ta foi t'a sauvé ». Dès lors, dans le cadre d'une théologie des sacrements qui honore toutes leurs dimensions, on ne peut pas dire pratiquer *ou* ne pas pratiquer cultuellement. Cette analyse est corroborée par le *Catéchisme de l'Église catholique* qui « sauve » Dieu de nos vues étroites (n° 1257) : « Dieu a lié le salut au sacrement du baptême, cependant Dieu n'est pas lié à ses sacrements. » Enfin, on ne peut pas dire « foi qui sauve » *ou* « foi attestataire ».

Il faut donc oser passer au stade de : foi qui sauve *et* foi attestataire, car les deux sont réciproquement complémentaires et nécessaires. L'enjeu pastoral de ces nouveaux rapports se situe à ce niveau :

Foule *et* compagnons *et* disciples *et* apôtres…

Être appelé par Jésus *et* être renvoyé chez soi par lui…

Juif *et* Grec, esclave *et* homme libre,
masculin *et* féminin…

Prêtres *et* religieux *et* laïcs…

Foi qui sauve *et* foi attestataire…

Pratiquants *et* non ou peu pratiquants.

Le christianisme ne se pense qu'en *et*.

Le pape François crie : « Non à une économie de l'exclusion » (*EG* 53). Ce cri, pour être crédible, s'adresse à l'Église elle-même. Si les chrétiens intégrés ont bien été rejoints par les perspectives globales du Concile, ce dernier n'a pas réussi à enrayer le divorce entre le peuple majoritaire et l'Église-institution. Peu de ces baptisés prennent la parole à ce sujet, publiquement. C'est le silence qui les caractérise, silence analysé comme une indifférence ou un relativisme. Mais quelle parole pourraient-ils dire et à qui ? Et dans quel but ? Parce que ces baptisés sont pauvres de certitudes et de signes d'appartenance, parce qu'ils sont marqués par le manque, toujours comparé à leurs « aînés dans la foi », ils sont devenus des chrétiens de seconde zone, mineurs par le statut, mais majeurs par le nombre.

L'Église du XXIe siècle n'est plus celle des années 1930 et la notion de pratiquant ne parle plus beaucoup aux générations post-conciliaires. Cependant, la tentation d'uniformité normative est une réalité humaine qui n'est jamais obsolète, elle : « Allons, bâtissons-nous une ville... ne soyons pas dispersés sur toute la surface de la terre ! » (Gn 11, 4). Cette tentation « biblique » doit maintenir une vigilance quant à ces réminiscences de vieux stéréotypes. Un retour à la pédagogie de Jésus est toujours riche d'enseignement, car jamais il ne demande : « Pourquoi veux-tu être guéri ? »... Son approche est conversationnelle : « De quoi parliez-vous donc en chemin ? », « Que veux-tu que je fasse pour toi ? »... C'est le désir, la décision personnelle, l'itinéraire humain qu'il cherche à rejoindre pour en faire le point de départ d'une conversation qui sera, peut-être, conversion.

Alors, que faire et qui racontera la biographie collective des laïcs, leur itinéraire propre avec une valeur théologique intrinsèque ? Laisserons-nous ce travail aux sociologues et aux médias ? Laissons les derniers mots au pape François :

Je préfère une Église accidentée, blessée et sale pour être sortie par les chemins, plutôt qu'une Église malade de fermeture et du confort de s'attacher à ses propres sécurités. Je ne veux pas une Église préoccupée d'être le centre et qui finit enfermée dans un enchevêtrement de fixations et de procédures. Si quelque chose doit saintement nous préoccuper et inquiéter notre conscience, c'est que tant de nos frères vivent sans la force, la lumière et la consolation de l'amitié de Jésus-Christ, sans une communauté de foi qui les accueille, sans un horizon de sens et de vie. Plus que la peur de se tromper, j'espère que nous anime la peur de nous renfermer dans des structures qui nous donnent une fausse protection, dans les normes qui nous transforment en juges implacables, dans les habitudes où nous nous sentons tranquilles, alors que, dehors, il y a une multitude affamée et Jésus qui nous répète sans arrêt : « Donnez-leur vous-mêmes à manger » (*EG* 49).

TABLE DES MATIÈRES

Achevé d'imprimer en mai 2020
sur les presses de la Nouvelle Imprimerie Laballery
58500 Clamecy
Dépôt légal : mai 2020
Numéro d'impression : 004094

Imprimé en France
La Nouvelle Imprimerie Laballery est titulaire de la marque Imprim'Vert®